Petits *C*lassiques
LAROUSSE

Collection fondée p
Agrégé des Lettres

D0617851

Fables

Jean de La Fontaine

Édition présentée,
annotée et commentée
par Yves STALLONI,
agrégé de lettres modernes,
docteur ès lettres,
professeur de chaire supérieure

© Éditions Larousse 2007
ISBN : 978-2-03-583429-4

SOMMAIRE

Avant d'aborder l'œuvre

Fables

La Fontaine

AVANT D'ABORDER
L'ŒUVRE

Fiche d'identité de l'auteur

La Fontaine

Nom : Jean de La Fontaine.

Naissance : 7 ou 8 juillet 1621.

Famille : bonne bourgeoisie ; père conseiller du roi et maître des Eaux et Forêts.

Enfance : orphelin de mère vers 14 ans ; études à Paris. Étudie la rhétorique latine.

Formation : études de droit interrompues pour entrer à l'Oratoire, en vue d'une carrière ecclésiastique ; après un an et demi, retour au droit.

Début de carrière et vie adulte : se marie à vingt-six ans avec Marie Héricart. Fréquente les milieux lettrés. En 1652, achète une charge de maître des Eaux et Forêts ; publie *L'Eunuque*, inspiré de Térence (1654).

Premiers succès : écrit deux longs poèmes, *Adonis* et *Le Songe de Vaux*, pour Fouquet qui le protège (1658-1659), puis un recueil de *Contes et Nouvelles* (1665).

Gloire et difficultés : publie un nouveau recueil de Contes, puis fait paraître, en 1668, les six premiers livres des *Fables*, ainsi qu'un roman en prose et en vers, *les Amours de Psyché et de Cupidon*. Après la disgrâce de Fouquet, perd son titre de « gentilhomme servant ». Il est accueilli par Mme de La Sablière (1672). Rencontre avec les grands auteurs du moment : Molière, Racine, Boileau.

La consécration : rédige un livret d'opéra pour Lully (*Daphné*), fait paraître de nouveaux *Contes* puis, en 1678, une nouvelle édition des *Fables*. À l'Académie française, où il est élu en 1684, il lit son *Discours à Mme de La Sablière*, forme de confession personnelle. Il prend parti pour les Anciens contre les Modernes, écrit un nouvel opéra, *L'Astrée*.

Les dernières années : en 1693, se réfugie chez des amis parisiens. Rédige ses dernières fables, accepte de renier ses contes et décide de faire pénitence.

La mort : le 13 avril 1695. En 1817, son corps sera transporté au cimetière du Père-Lachaise.

Pour ou contre La Fontaine ?

Pour

Jean de LA BRUYÈRE :

« Un homme paraît grossier, lourd, stupide ; il ne sait parler, ni raconter ce qu'il vient de voir ; s'il se met à écrire, c'est le modèle des bons contes ; il fait parler les animaux, les arbres, les pierres, tout ce qui ne parle point : ce n'est que légèreté, qu'élégance, que beau naturel, et que délicatesse dans ses ouvrages. »

Caractères, « Des Jugements » XII, 56, 1691

André GIDE :

« La perfection de La Fontaine est plus subtile mais non moins exigeante que celle de Racine. »

Journal, 19 septembre 1939

Contre

André BRETON :

« La Fontaine, le faux poète de qui les aphorismes ont lamentablement fortifié le fameux bon sens qui est au monde la qualité antipoétique par excellence. »

Les Nouvelles littéraires, 10 novembre 1923

Paul ÉLUARD :

« Je suis contre tout art d'imitation littérale. La Fontaine a copié Ésope, Phèdre, Horace, Aulu-Gelle, etc. »

Première anthologie vivante de la poésie du passé, 1951

Repères chronologiques

Vie et œuvre de La Fontaine	Événements politiques et culturels
1621 Naissance de La Fontaine à Château-Thierry, en Champagne.	**1622** Naissance de Molière.
1635 Après le collège, études de droit à Paris.	**1635** Fondation de l'Académie française.
1641 Entre à l'Oratoire, dans l'intention de devenir religieux.	**1636** Corneille, *Le Cid*.
1642 Quitte l'Oratoire et s'intéresse aux activités littéraires.	**1642** Mort de Richelieu ; avènement de Mazarin.
1645 Reprend ses études de droit.	**1643** Mort de Louis XIII. Régence d'Anne d'Autriche.
1647 Mariage (contre sa volonté) avec Marie Héricart, âgée de quinze ans.	**1645** Premières lettres de Mme de Sévigné.
1652 Devient maître des Eaux et Forêts.	**1649-1652** « Fronde parlementaire » puis « Fronde des Princes » (soulèvement des nobles contre Mazarin).
1654 Publication d'une comédie, *L'Eunuque*, adaptée de Térence : échec.	**1653** Fouquet nommé surintendant des Finances.
1658-1661 Pensionné par Fouquet, à qui il dédie le poème *Adonis* et pour lequel il écrit *Le Songe de Vaux*.	**1661** **Mort de Mazarin. Début du règne personnel de Louis XIV. Arrestation de Fouquet.**
1664 Entre au service de la duchesse d'Orléans.	**1662** Mort de Pascal. Colbert ministre.
1665 Premier recueil de *Contes et nouvelles* (en vers).	**1664** Condamnation de Fouquet. Molière, *Tartuffe*.
	1665 La Rochefoucauld, *Maximes*.

Vie et œuvre de La Fontaine	Événements politiques et culturels
1668 Parution des six premiers livres des *Fables*.	**1666** Boileau, *Satires*.
1669 *Les Amours de Psyché et de Cupidon*.	**1667** Racine, *Andromaque*.
1670 Renonce à la charge de maître des Eaux et Forêts.	**1668** Molière, *L'Avare*. Fin de la « Guerre de Dévolution » (contre l'Espagne).
1672 Devient le protégé de Mme de La Sablière.	**1672** Début de la guerre de Hollande.
1674 *Nouveaux Contes*, interdits.	**1673** Louis XIV fait construire Versailles. Mort de Molière.
1678-1679 Parution des Livres VII à XI des *Fables*.	**1678** Mme de Lafayette, *La Princesse de Clèves*.
1682 *Poème du Quinquina*.	**1682** Mort de la Reine.
1684 *Discours à Mme de La Sablière*. Élu à l'Académie française au fauteuil de Colbert.	**1684** Début de la querelle des Anciens et des Modernes. Mort de Corneille.
1687 *Épître à Huet* (en faveur des « Anciens »).	**1685** Révocation de l'édit de Nantes.
1693 Mort de Mme de La Sablière. Recueilli chez les d'Hervart. Nommé maître des requêtes.	**1688** La Bruyère, *Les Caractères*. Début de la guerre de la ligue d'Augsbourg.
1694 Parution du Livre XII des *Fables*.	**1693** Grande famine : plus de deux millions de victimes.
1695 Mort de La Fontaine (le 13 avril).	**1694** Naissance de Voltaire.

Fiche d'identité de l'œuvre

Fables

Genre :
fable, à l'imitation
des Anciens, notamment
Ésope et Phèdre. Le genre
est aussi appelé apologue.

Auteur :
Jean de LA FONTAINE ;
premières *Fables* publiées
en 1668, à l'âge de
47 ans ; suite parue
en 1678-1679 (deuxième
recueil) puis en 1693-1694
(troisième recueil).

Forme : vers libres
(c'est-à-dire de différents
mètres), avec une dominante
pour les alexandrins
(12 syllabes),
les décasyllabes (10)
et les octosyllabes (8).

Structure : douze livres de longueur différente.
Au total 240 fables en trois recueils.

Personnages : divers et variés et au nombre de 469.
Parmi eux on compte 125 animaux, 123 hommes,
85 personnages mythologiques, 80 personnages légendaires
ou historiques, 15 femmes, 15 personnages inanimés,
12 végétaux, 7 éléments naturels et 6 allégories.
Parmi les personnages animaux qui reviennent le plus :
le loup, le chien, le renard, le lion, l'âne. Parmi
les humains : le roi (32 fois), le berger (14 fois),
le seigneur (8 fois), le sage (9 fois) ; les « dieux »
se rencontrent à 61 reprises et Dieu à 26.

Lieu de l'action : cette « ample comédie à cent actes
divers » se déroule essentiellement dans la nature,
en divers lieux et l'on peut dire que « la scène est
l'univers » (*Le Bûcheron et Mercure*, V, 1).

Sujet : comédie en raccourci, chaque fable se propose
de raconter, à des fins édifiantes, une histoire dont
le décor est essentiellement la nature et les acteurs
des animaux, et parfois des hommes. La fable se fait
le plus souvent en deux temps : d'abord une narration
qui illustre une situation de la vie sociale, puis
une morale, exprimée en quelques vers en forme
de sentence dont certaines sont devenues proverbes.
Ces fables sont souvent l'occasion d'une satire sociale
ou politique. La peinture sociale se fait plus directe
quand les héros sont des hommes et que ceux-ci possèdent
soit les défauts de l'espèce (ambition, cupidité,
jalousie, injustice, malhonnêteté…), soit ses qualités
(amour, solidarité, sagesse, prudence, réflexion…).

Pour ou contre les Fables ?

Pour

Madame de SÉVIGNÉ :

« les *Fables* de La Fontaine [...] sont divines. On croit d'abord en distinguer quelques-unes, et à force de les relire, on les trouve toutes bonnes. »

Lettre à Bussy-Rabutin, 20 juillet 1679

Hippolyte TAINE :

« C'est La Fontaine qui est notre Homère. »

Essai sur les « Fables » de La Fontaine, 1853

Contre

Jean-Jacques ROUSSEAU :

« On fait apprendre les fables de La Fontaine à tous les enfants, et il n'y en pas un seul qui les entende. Quand ils les entendraient, ce serait encore pis ; car la morale en est tellement mêlée et si disproportionnée à leur âge qu'elle les porterait plus au vice qu'à la vertu. »

Émile, livre II (1761)

Alphonse de LAMARTINE :

« Ces vers boiteux, disloqués, inégaux, sans symétrie, ni dans l'oreille ni sur la page me rebutaient [...]. Les fables de La Fontaine sont plutôt la philosophie dure, froide et égoïste d'un vieillard que la philosophie aimante, généreuse, naïve et bonne d'un enfant. »

Préface des *Premières Méditations*, 1849

Pour mieux lire l'œuvre

❖ Au temps de La Fontaine

Le poète au temps des *Fables*

Les *Fables* sont une œuvre de la maturité, sinon de la vieillesse, puisque quand La Fontaine publie le premier recueil (cent-vingt-quatre fables réparties en six livres), il est âgé de 47 ans. Le second recueil, contenant quatre-vingt-sept fables, paraît en 1678-1679 (La Fontaine approche la soixantaine) et la dernière édition des *Fables*, augmentée pour être portée à douze livres, est publiée un an avant la mort du poète qui survient en 1695. Avant les *Fables*, celui-ci s'était déjà fait connaître par de grands poèmes *(Adonis, Poème du Quinquina, Le Songe de Vaux)* et surtout par des *Contes et nouvelles* en vers qui lui ont valu une réputation d'auteur léger et licencieux. Il revendique d'ailleurs sa qualité de dilettante et de touche-à-tout quand, se comparant au « papillon du Parnasse », il se définit ainsi dans le *Second Discours à Mme de La Sablière* (1648) :

> « Je suis chose légère, et vole à tout sujet
> Je vais de fleur en fleur et d'objet en objet. »

Et il est vrai qu'on le présente souvent comme un personnage rêveur, étourdi, vivant en marge des préoccupations sociales, aimant la solitude et la retraite. Pourtant, la légende du « bonhomme » paresseux et distrait se promenant dans la nature pour chercher l'inspiration est démentie par sa vie mondaine dans les salons, par une œuvre abondante et soignée menée, pendant vingt ans au moins, en même temps qu'une charge professionnelle exigeante, celle de maître des Eaux et Forêts. Il montre aussi, dans les *Fables*, derrière l'humour du ton, un tempérament inquiet et une totale absence d'illusion sur l'humanité.

Le poète et le roi

Les *Fables* sont exactement contemporaines de la monarchie de Louis XIV, dont le règne personnel commence en 1661, date à laquelle il fait arrêter le surintendant aux Finances Fouquet, qui avait été, pendant trois ans, le protecteur de La Fontaine. Le souverain, soucieux d'imposer une image de grandeur, choisit comme emblème le soleil, se fait attribuer solennellement le titre de « Louis-le-Grand », impose à la cour une étiquette rigoureuse et fait construire à Versailles un palais fastueux. Abandonnant la gestion des affaires courantes à son ministre Colbert, il décide de diriger lui-même la vie religieuse en soumettant les protestants, en pourchassant les jansénistes et en réduisant l'autorité du pape. Il entraîne le pays dans des guerres douloureuses que dénonce La Fontaine. Il mène enfin des opérations de prestige en matière intellectuelle et artistique et, aimant à être entouré et flatté, favorise le développement d'une classe de courtisans.

La Fontaine peut être qualifié de poète courtisan, moins pour avoir été au service du roi que pour avoir bénéficié de la protection de nobles bien placés et riches, comme la duchesse d'Orléans, Mme de La Sablière ou les banquiers d'Hervart. Cette position, et la vie mondaine qui l'accompagne, ne l'ont pas empêché de conserver son indépendance de mouvement et sa liberté de plume. Grâce à ses appuis et à un réseau d'amitiés littéraires, il peut montrer ses qualités d'impertinence dans les *Contes* et sa vocation de moraliste dans les *Fables*.

Plaire et instruire

Le siècle de Louis XIV, traversé de tensions religieuses et politiques, a vu se développer un fort courant moraliste illustré par des auteurs importants comme Pascal, défenseur de la religion chrétienne, La Rochefoucauld, peintre pessimiste de la nature humaine dans les *Maximes* (1665) ou La Bruyère qui, dans *Les Caractères* (1688), brosse un tableau satirique des mœurs de son temps. Le projet de La Fontaine, dans les *Fables*, s'inscrit dans une perspective similaire, son but avoué étant d'y réunir les deux exigences prêtées à l'art par l'ère classique : plaire et instruire.

La fable, d'origine très ancienne, était alors considérée comme un genre vieilli et démodé que Boileau néglige de citer dans son *Art*

Pour mieux lire l'œuvre

poétique. Il s'agit d'un récit bref et imaginaire utilisant des personnages qui peuvent être des animaux à valeur symbolique et délivrant une leçon appelée traditionnellement « morale » ou « moralité ». Le genre fut en faveur dans l'Antiquité, en Grèce notamment, au IVe siècle av. J.-C., avec Ésope, et, un peu plus tard, à Rome, avec Phèdre. Il connut encore un certain succès au Moyen Âge et à la Renaissance sous la forme d'ysopets (dans la veine d'Ésope), de fabliaux ou de contes populaires comme *Le Roman de Renart* ou, plus tard, les contes de Marguerite de Navarre et de Clément Marot.

À la Fontaine revient le mérite d'avoir remis au goût du jour un genre tombé en désuétude et dont il rend la paternité au poète grec : « Je chante les héros dont Ésope est le père. » *(À Monseigneur le Dauphin)*. Mieux que ses modèles, il a su exploiter les ressources de ces petites histoires qu'il appelle « apologues » et qu'il conçoit de façon duale, ainsi qu'il l'explique dans sa Préface : « L'apologue est composé de deux parties, dont on peut appeler l'une le corps, l'autre l'âme. Le corps est la fable ; l'âme la moralité. » L'autre coup de génie de La Fontaine est de mettre en scène des animaux, en lesquels se reconnaissent des hommes, de façon à dissimuler ses attaques sous une peinture attrayante. Dans la même dédicace au Dauphin, il dévoile son objectif : « Je me sers d'animaux pour instruire les hommes. » Parfois, pourtant, la critique des défauts humains se fait de manière plus directe et confirme l'intention moralisatrice du recueil.

☙ L'essentiel

Les *Fables* de La Fontaine sont l'œuvre d'un poète âgé, mondain et courtisan, proche du roi, protégé par les « grands », mais assez indépendant pour jeter un regard critique sur la société de son époque. Le modèle est emprunté aux Anciens, Ésope et Phèdre tout spécialement, mais La Fontaine, grâce à ses talents de poète, à son sens de la mise en scène et à la pertinence de ses jugements moraux, renouvelle le genre qui devient universel.

✤ L'œuvre aujourd'hui

Une leçon universelle

Inspirées de modèles antiques, composées dans un contexte particulier (le règne personnel de Louis XIV), marquées par une esthétique d'époque (la rigueur classique), les *Fables*, que les contemporains de La Fontaine ont pu lire comme une peinture déguisée des mœurs du siècle, ont conquis un statut d'intemporalité car elles illustrent les défauts éternels de l'humanité. Le poète lui-même tient à nous préciser que ces récits légers et amusants doivent être pris au sérieux quand il écrit : « Les fables ne sont pas ce qu'elles semblent être » (*Le Pâtre et le Lion*, VI, 1), idée que l'on retrouve dans la Préface : « Ces badineries ne sont telles qu'en apparence, car dans le fond elles portent un sens très solide. » L'anecdote plaisante cache toujours un enseignement, comme le dit la même fable :

> « Le conte fait passer le précepte avec lui.
>
> En ces sortes de feintes il faut instruire et plaire
>
> Et conter pour conter me semble peu d'affaire. » (VI, 1)

C'est cette leçon universelle présentée sous forme de comédie qui a fait la gloire des *Fables* et leur actualité permanente. Veut-on railler la vanité humaine, et on citera *La Grenouille qui se veut faire aussi grosse que le Bœuf* (I, 3) ; la relativité de la justice sera illustrée par *Les Animaux malades de la peste* (VII, 1) ; la prétention des grands apparaît dans *Le Jardinier et son Seigneur* (IV, 4) ; *Le Cochet, le Chat et le Souriceau* (VI, 5) démontre l'illusion de l'apparence et *Les Deux Pigeons* (IX, 2), la force de l'amour. L'autre preuve de l'universalité du message est le nombre de moralités devenues proverbes : « La raison du plus fort est toujours la meilleure » (I, 10), « On a souvent besoin d'un plus petit que soi » (II, 11), « Rien ne sert de courir ; il faut partir à point » (VI, 10), « Il se faut entr'aider ; c'est la loi de nature » (VIII, 17), et encore bien d'autres.

Pour mieux lire l'œuvre

Un poète très actuel

Cette sagesse grave et pessimiste a d'autant plus d'effet qu'elle s'exprime dans une langue originale et poétique. La critique moderne s'est attachée à louer le style inventif du fabuliste, son étourdissante virtuosité de versificateur, la richesse de son lexique, son art d'exploiter la rhétorique. Chaque petit récit, par la grâce de son talent, se transforme en chef-d'œuvre de gaieté et d'élégance et continue à séduire, et pas seulement les enfants, comme on l'imagine souvent à tort, mais un très large public. Un critique de son temps avançait ce pronostic définitif : « Malheur à qui vient après lui !

La Fontaine a tout dit : que reste-t-il à dire ? » (Abbé de Reyrac)

D'autres, pourtant, se sont essayé, après lui, à l'écriture de fables, dont Charles Perrault, contemporain de La Fontaine et auteur des célèbres *Contes* ; plus près de nous, au xxᵉ siècle, Franc-Nohain, Jean Anouilh, Jean Dutourd ont sacrifié au genre.

L'univers de La Fontaine a également inspiré les illustrateurs, à commencer par François Chauveau pour l'édition originale, puis, au xviiiᵉ siècle, Jean-Baptiste Oudry, dessinateur raffiné. Trois grands artistes du xixᵉ siècle ont également illustré les *Fables* : le dessinateur Grandville, qui métamorphose les animaux en hommes ; le graveur Gustave Doré, qui accentue la gravité des fables, et le peintre Gustave Moreau, qui propose soixante-quatre aquarelles. Au xxᵉ siècle, on citerait, parmi plusieurs illustrateurs, Benjamin Rabier (1906), dans le style des images d'Épinal, Marc Chagall, qui tire l'œuvre vers le fantastique (1927-1952), Albert Dubout, qui la teinte d'humour, Pierre-Yves Trémois (1964), dont le trait aiguisé en souligne la portée satirique.

Ce succès universel et durable des *Fables* est encore attesté par les innombrables traductions, par les adaptations au théâtre (à la Comédie-Française, par exemple, dans un éblouissant spectacle mis en scène par Bob Wilson en 2003), par les lectures ou les décla-mations (comme celle, au début des années 2000, du comédien

Fabrice Lucchini). Ajoutons encore que La Fontaine, défenseur délicat de la nature, peintre expressif des animaux, évocateur d'une vie bucolique et harmonieuse, correspond assez bien à la sensibilité écologique du début du xxie siècle, soucieuse de préserver l'environnement et de « retourner à la nature ».

🐭 *L'essentiel*

Trois raisons justifient l'intérêt moderne pour les *Fables* : l'universalité du message moral qu'elles contiennent ; la perfection formelle de chacune d'entre elles ; l'invitation, très actuelle, à apprécier et à protéger la nature. L'abondante descendance littéraire et iconographique de La Fontaine, les nombreuses adaptations et traductions témoignent de son intemporalité.

Représentation des *Fables* de La Fontaine, spectacle de Robert Wilson à la Comédie-Française, Paris, 2004.

Jean de La Fontaine, gravure.

Fables

Jean de La Fontaine

*Publiées pour la première
fois de 1668 à 1694*

À Monseigneur le Dauphin

MONSEIGNEUR[1],

S'il y a quelque chose d'ingénieux dans la République des Lettres, on peut dire que c'est la manière dont Ésope[2] a débité[3] sa Morale. Il serait véritablement à souhaiter que d'autres mains que les miennes y eussent ajouté les ornements de la Poésie, puisque le plus sage des Anciens[4] a jugé qu'ils n'y étaient pas inutiles. J'ose, MONSEIGNEUR, vous en présenter quelques essais. C'est un entretien convenable à vos premières années. Vous êtes en un âge[5] où l'amusement et les jeux sont permis aux Princes ; mais en même temps vous devez donner quelques-unes de vos pensées à des réflexions sérieuses. Tout cela se rencontre aux[6] Fables que nous devons à Ésope. L'apparence en est puérile, je le confesse ; mais ces puérilités servent d'enveloppe à des vérités importantes.

Je ne doute point, MONSEIGNEUR, que vous ne regardiez favorablement des inventions si utiles et tout ensemble si agréables : car que peut-on souhaiter davantage que ces deux points ? Ce sont eux qui ont introduit les Sciences parmi les hommes. Ésope a trouvé un art singulier de les joindre l'un avec l'autre. La lecture de son Ouvrage répand insensiblement dans une âme les semences de la vertu, et lui apprend à se connaître sans qu'elle s'aperçoive de cette étude, et tandis qu'elle croit faire toute autre chose.

---

1. **Monseigneur :** il s'agit du fils de Louis XIV et de Marie-Thérèse d'Autriche, prénommé également Louis (1661-1711).
2. **Ésope :** fabuliste grec du IVe siècle av. J.-C. que La Fontaine souhaite imiter et prolonger.
3. **Débité :** exposé.
4. **Le plus sage des Anciens :** Socrate, qui avait songé à mettre en vers une fable d'Ésope.
5. **Âge :** en 1668, au moment de la première publication, le Dauphin est âgé de sept ans environ.
6. **Aux :** dans les.

À Monseigneur le Dauphin

C'est une adresse[1] dont s'est servi très heureusement celui sur lequel Sa Majesté a jeté les yeux pour vous donner des instructions[2]. Il fait en sorte que vous appreniez sans peine, ou, pour mieux parler, avec plaisir, tout ce qu'il est nécessaire qu'un Prince sache. Nous espérons beaucoup de cette conduite. Mais, à dire la vérité, il y a des choses dont nous espérons infiniment davantage : ce sont, MONSEIGNEUR, les qualités que notre invincible Monarque vous a données avec la naissance ; c'est l'exemple que tous les jours il vous donne. Quand vous le voyez former de si grands desseins ; quand vous le considérez qui regarde sans s'étonner l'agitation de l'Europe et les machines qu'elle remue[3] pour le détourner de son entreprise ; quand il pénètre dès sa première démarche jusque dans le cœur d'une Province[4] où l'on trouve à chaque pas des barrières insurmontables, et qu'il en subjugue une autre[5] en huit jours, pendant la saison la plus ennemie de la guerre[6], lorsque le repos et les plaisirs règnent dans les Cours des autres Princes ; quand, non content de dompter les hommes, il veut triompher aussi des éléments et quand au retour de cette expédition, où il a vaincu comme un Alexandre, vous le voyez gouverner ses peuples comme un Auguste[7] ; avouez le vrai, MONSEIGNEUR, vous soupirez pour la gloire aussi bien que lui, malgré l'impuissance de vos années ; vous attendez avec impatience le temps où vous pourrez vous déclarer son Rival dans l'amour de cette divine maîtresse. Vous ne l'attendez pas, MONSEIGNEUR : vous le prévenez. Je n'en veux pour témoignage que ces nobles inquiétudes, cette vivacité, cette ardeur, ces marques d'esprit, de courage, et de grandeur d'âme, que vous faites paraître à tous les moments. Certainement c'est une joie bien sensible à notre Monarque ; mais c'est un spec-

---

1. **Adresse :** habileté.
2. **Celui... instructions :** le précepteur du Dauphin, M. de Périgny.
3. **Les machines qu'elle remue :** les efforts qu'elle accomplit.
4. **Province :** la Flandre, que Louis XIV avait annexée depuis quelques mois.
5. **Une autre :** la Franche-Comté, que Condé venait de conquérir.
6. **Saison la plus ennemie de la guerre :** traditionnellement, on ne faisait pas la guerre en hiver.
7. **Alexandre, Auguste :** deux modèles antiques, le grand conquérant grec et le premier empereur de Rome.

tacle bien agréable pour l'Univers que de voir ainsi croître une jeune plante qui couvrira un jour de son ombre tant de Peuples et de Nations. Je devrais m'étendre sur ce sujet ; mais, comme le dessein que j'ai de vous divertir est plus proportionné à mes forces que celui de vous louer, je me hâte de venir aux Fables, et n'ajouterai aux vérités que je vous ai dites que celle-ci : c'est, MONSEIGNEUR, que je suis, avec un zèle respectueux,

Votre très humble, très obéissant,
et très fidèle serviteur,
De La Fontaine.

Préface

L'indulgence que l'on a eue pour quelques-unes de mes fables me donne lieu d'espérer la même grâce pour ce Recueil. Ce n'est pas qu'un des Maîtres de notre Éloquence[1] n'ait désapprouvé le dessein de les mettre en vers. Il a cru que leur principal ornement est de n'en avoir aucun ; que d'ailleurs la contrainte de la Poésie, jointe à la sévérité de notre Langue, m'embarrasseraient en beaucoup d'endroits, et banniraient de la plupart de ces récits la brèveté[2], qu'on peut fort bien appeler l'âme du Conte, puisque sans elle il faut nécessairement qu'il languisse. Cette opinion ne saurait partir que d'un homme d'excellent goût ; je demanderais seulement qu'il en relâchât quelque peu, et qu'il crût que les Grâces lacédémoniennes[3] ne sont pas tellement ennemies des Muses Françaises, que l'on ne puisse souvent les faire marcher de compagnie.

Après tout, je n'ai entrepris la chose que sur l'exemple, je ne veux pas dire des Anciens, qui ne tire point à conséquence pour moi[4], mais sur celui des Modernes. C'est de tout temps, et chez tous les peuples qui font profession de Poésie, que le Parnasse[5] a jugé ceci de son apanage[6]. À peine les Fables qu'on attribue à Ésope virent le jour, que Socrate trouva à propos de les habiller des livrées des Muses[7]. Ce que Platon en rapporte est si agréable, que je ne puis m'empêcher d'en faire un des ornements de cette Préface. Il dit que,

---

1. **Un des Maîtres de notre éloquence :** Olivier Patru, académicien et ami de La Fontaine, qui avait traduit quelques fables d'Ésope.
2. **Brèveté :** brièveté.
3. **Lacédémoniennes :** originaires de Lacédémone, autre nom de Sparte, capitale de la Laconie, région de Grèce réputée pour son économie de paroles (voir l'adjectif « laconique » qui signifie « concis, bref »).
4. **Qui ne tire point à conséquence pour moi :** que je respecte sans en être le simple imitateur.
5. **Parnasse :** montagne de Grèce où étaient censées vivre les Muses, dont celle de la Poésie.
6. **Apanage :** domaine de compétence.
7. **Les habiller des livrées des Muses :** les mettre en vers, ce à quoi travaillait Socrate à la fin de sa vie.

Préface

Socrate étant condamné au dernier supplice, l'on remit l'exécution de l'Arrêt, à cause de certaines Fêtes. Cébès[1] l'alla voir le jour de sa mort. Socrate lui dit que les Dieux l'avaient averti plusieurs fois pendant son sommeil, qu'il devait s'appliquer à la Musique avant qu'il mourût. Il n'avait pas entendu d'abord ce que ce songe signifiait ; car, comme la Musique ne rend pas l'homme meilleur, à quoi bon s'y attacher ? Il fallait qu'il y eût du mystère là-dessous : d'autant plus que les Dieux ne se lassaient point de lui envoyer la même inspiration. Elle lui était encore venue une de ces Fêtes. Si bien qu'en songeant aux choses que le Ciel pouvait exiger de lui, il s'était avisé que la Musique et la Poésie ont tant de rapport, que possible[2] était-ce de la dernière qu'il s'agissait. Il n'y a point de bonne Poésie sans harmonie ; mais il n'y en a point non plus sans fiction[3] ; et Socrate ne savait que dire la vérité. Enfin il avait trouvé un tempérament[4] : c'était de choisir des Fables qui continssent quelque chose de véritable, telles que sont celles d'Ésope. Il employa donc à les mettre en vers les derniers moments de sa vie.

Socrate n'est pas le seul qui ait considéré comme sœurs la Poésie et nos Fables. Phèdre[5] a témoigné qu'il était de ce sentiment ; et par l'excellence de son ouvrage, nous pouvons juger de celui du Prince des Philosophes. Après Phèdre, Avienus[6] a traité le même sujet. Enfin les Modernes les ont suivis : nous en avons des exemples, non seulement chez les Étrangers, mais chez nous. Il est vrai que lorsque nos gens[7] y ont travaillé, la Langue était si différente de ce qu'elle est, qu'on ne les doit considérer que comme Étrangers. Cela ne m'a point détourné de mon entreprise : au contraire, je me suis flatté de l'espérance que si je ne courais dans cette carrière[8] avec succès, on me donnerait au moins la gloire de l'avoir ouverte.

---

1. **Cébès :** ami et disciple de Socrate.
2. **Possible :** peut-être.
3. **Fiction :** invention, imagination.
4. **Tempérament :** arrangement.
5. **Phèdre :** ancien esclave latin (Ier siècle apr. J.-C.) qui adapta et prolongea les fables d'Ésope.
6. **Avienus :** auteur du IVe siècle qui écrivit des fables.
7. **Nos gens :** des auteurs français.
8. **Carrière :** entreprise.

Il arrivera possible que mon travail fera naître à d'autres personnes l'envie de porter la chose plus loin. Tant s'en faut que cette matière soit épuisée, qu'il reste encore plus de fables à mettre en vers que je n'en ai mis. J'ai choisi véritablement les meilleures, c'est-à-dire celles qui m'ont semblé telles ; mais outre que je puis m'être trompé dans mon choix, il ne sera pas difficile de donner un autre tour à celles-là même que j'ai choisies, et si ce tour est moins long, il sera sans doute plus approuvé. Quoi qu'il en arrive, on m'aura toujours obligation ; soit que ma témérité ait été heureuse, et que je ne me sois point trop écarté du chemin qu'il fallait tenir, soit que j'aie seulement excité les autres à mieux faire.

Je pense avoir justifié suffisamment mon dessein : quant à l'exécution, le Public en sera juge. On ne trouvera pas ici l'élégance ni l'extrême brèveté qui rendent Phèdre recommandable : ce sont qualités au-dessus de ma portée. Comme il m'était impossible de l'imiter en cela, j'ai cru qu'il fallait en récompense[1] égayer l'ouvrage plus qu'il n'a fait. Non que je le blâme d'en être demeuré dans ces termes : la langue latine n'en demandait pas davantage ; et si l'on y veut prendre garde, on reconnaîtra dans cet Auteur le vrai caractère et le vrai génie de Térence[2]. La simplicité est magnifique chez ces grands hommes ; moi, qui n'ai pas les perfections du langage comme ils les ont eues, je ne la puis élever à un si haut point. Il a donc fallu se récompenser[3] d'ailleurs : c'est ce que j'ai fait avec d'autant plus de hardiesse, que Quintilien[4] dit qu'on ne saurait trop égayer les Narrations. Il ne s'agit pas ici d'en apporter une raison ; c'est assez que Quintilien l'ait dit. J'ai pourtant considéré que, ces fables étant sues de tout le monde, je ne ferais rien si je ne les rendais nouvelles par quelques traits qui en relevassent le goût. C'est ce qu'on demande aujourd'hui : on veut de la nouveauté et de la gaieté. Je n'appelle pas gaieté ce qui excite le rire ; mais un certain charme, un air agréable qu'on peut donner à toutes sortes de sujets, même les plus sérieux.

---

1. **En récompense :** en contrepartie.
2. **Térence :** poète latin du IIe siècle, auteur de comédies célèbres. La Fontaine avait traduit lui-même une de ses pièces, *L'Eunuque.*
3. **Se récompenser :** chercher une compensation.
4. **Quintilien :** orateur latin et maître de rhétorique du Ier siècle.

Préface

Mais ce n'est pas tant par la forme que j'ai donnée à cet Ouvrage qu'on en doit mesurer le prix, que par son utilité et par sa matière ; car qu'y a-t-il de recommandable dans les productions de l'esprit, qui ne se rencontre dans l'Apologue[1] ? C'est quelque chose de si divin, que plusieurs personnages de l'Antiquité ont attribué la plus grande partie de ces Fables à Socrate, choisissant pour leur servir de père celui des mortels qui avait le plus de communication avec les Dieux. Je ne sais comme ils n'ont point fait descendre du ciel ces mêmes Fables, et comme ils ne leur ont point assigné un Dieu qui en eût la direction, ainsi qu'à la poésie et à l'éloquence[2]. Ce que je dis n'est pas tout à fait sans fondement, puisque, s'il m'est permis de mêler ce que nous avons de plus sacré parmi les erreurs du Paganisme, nous voyons que la Vérité a parlé aux hommes par Paraboles ; et la Parabole est-elle autre chose que l'Apologue, c'est-à-dire un exemple fabuleux, et qui s'insinue avec d'autant plus de facilité et d'effet, qu'il est plus commun et plus familier ? Qui ne nous proposerait à imiter que les maîtres de la Sagesse nous fournirait un sujet d'excuse : il n'y en a point quand des Abeilles et des Fourmis sont capables de cela même qu'on nous demande.

C'est pour ces raisons que Platon, ayant banni Homère de sa République[3], y a donné à Ésope une place très honorable. Il souhaite que les enfants sucent ces Fables avec le lait ; il recommande aux Nourrices de les leur apprendre : car on ne saurait s'accoutumer de trop bonne heure à la sagesse et à la vertu ; plutôt que d'être réduits à corriger nos habitudes, il faut travailler à les rendre bonnes pendant qu'elles sont encore indifférentes au bien ou au mal. Or, quelle méthode y peut contribuer plus utilement que ces Fables ? Dites à un enfant que Crassus[4], allant contre les Parthes, s'engagea dans leur pays sans considérer comment il en sortirait ; que cela le fit périr, lui et son Armée, quelque effort qu'il fît pour

---

1. **Apologue :** nom ancien de la fable.
2. **Éloquence :** dans la mythologie, la muse Polymnie dirige la poésie et Calliope l'éloquence.
3. **République :** dans le dialogue célèbre de Platon, *La République*, les poètes sont chassés de la cité idéale, à l'exception des fabulistes.
4. **Crassus :** général et homme politique romain qui trouva la mort dans une expédition contre les Parthes en 55 av. J.-C.

se retirer. Dites au même enfant que le Renard et le Bouc[1] descendirent au fond d'un puits pour y éteindre leur soif ; que le Renard en sortit s'étant servi des épaules et des cornes de son camarade comme d'une échelle ; au contraire le Bouc y demeura pour n'avoir pas eu tant de prévoyance ; et par conséquent il faut considérer en toute chose la fin. Je demande lequel de ces deux exemples fera le plus d'impression sur cet enfant. Ne s'arrêtera-t-il pas au dernier, comme plus conforme et moins disproportionné que l'autre à la petitesse de son esprit ? Il ne faut pas m'alléguer[2] que les pensées de l'enfance sont d'elles-mêmes assez enfantines, sans y joindre encore de nouvelles badineries. Ces badineries ne sont telles qu'en apparence ; car dans le fond elles portent un sens très solide. Et comme, par la définition du point, de la ligne, de la surface, et par d'autres principes très familiers, nous parvenons à des connaissances qui mesurent enfin le ciel et la terre, de même aussi, par les raisonnements et conséquences que l'on peut tirer de ces Fables, on se forme le jugement et les mœurs, on se rend capable des grandes choses.

Elles ne sont pas seulement morales, elles donnent encore d'autres connaissances. Les propriétés des Animaux et leurs divers caractères y sont exprimés ; par conséquent les nôtres aussi, puisque nous sommes l'abrégé de ce qu'il y a de bon et de mauvais dans les créatures irraisonnables. Quand Prométhée[3] voulut former l'homme, il prit la qualité dominante de chaque Bête : de ces pièces si différentes il composa notre espèce ; il fit cet ouvrage qu'on appelle le petit monde[4]. Ainsi ces fables sont un tableau où chacun de nous se trouve dépeint. Ce qu'elles nous représentent confirme les personnes d'âge avancé dans les connaissances que l'usage leur a données, et apprend aux enfants ce qu'il faut qu'ils sachent. Comme ces derniers sont nouveaux venus dans le monde, ils n'en connaissent pas encore les habitants, ils ne se connaissent pas eux-

---

1. **Le Renard et le Bouc :** voir la fable 5 du Livre III.
2. **Alléguer :** proposer comme argument.
3. **Prométhée :** personnage de la mythologie grecque qui avait volé le feu à Zeus pour animer l'homme qu'il avait préalablement créé avec de l'argile.
4. **Petit monde :** traduction littérale du mot microcosme, terme qui désignait une représentation en réduit de l'univers.

mêmes. On ne les doit laisser dans cette ignorance que le moins qu'on peut : il leur faut apprendre ce que c'est qu'un Lion, un Renard, ainsi du reste ; et pourquoi l'on compare quelquefois un homme à ce renard ou à ce lion. C'est à quoi les Fables travaillent : les premières Notions de ces choses proviennent d'elles.

J'ai déjà passé[1] la longueur ordinaire des Préfaces ; cependant je n'ai pas encore rendu raison de[2] la conduite de mon ouvrage. L'Apologue est composé de deux parties, dont on peut appeler l'une le Corps, l'autre l'Âme. Le Corps est la Fable ; l'Âme, la Moralité. Aristote[3] n'admet dans la fable que les animaux ; il en exclut les Hommes et les Plantes. Cette règle est moins de nécessité que de bienséance, puisque ni Ésope, ni Phèdre, ni aucun des Fabulistes, ne l'a gardée : tout au contraire de la Moralité, dont aucun ne se dispense. Que s'il m'est arrivé de le faire, ce n'a été que dans les endroits où elle n'a pu entrer avec grâce, et où il est aisé au lecteur de la suppléer. On ne considère en France que ce qui plaît : c'est la grande règle, et pour ainsi dire la seule. Je n'ai donc pas cru que ce fût un crime de passer par-dessus les anciennes Coutumes lorsque je ne pouvais les mettre en usage sans leur faire tort. Du temps d'Ésope la fable était contée simplement ; la moralité séparée, et toujours en suite. Phèdre est venu, qui ne s'est pas assujetti à cet ordre : il embellit la Narration, et transporte quelquefois la Moralité de la fin au commencement. Quand il serait nécessaire de lui trouver place, je ne manque à ce précepte que pour en observer un qui n'est pas moins important : c'est Horace[4] qui nous le donne. Cet Auteur ne veut pas qu'un Écrivain s'opiniâtre[5] contre l'incapacité de son esprit, ni contre celle de sa matière. Jamais, à ce qu'il prétend, un homme qui veut réussir n'en vient jusque-là ; il abandonne les choses dont il voit bien qu'il ne saurait rien faire de bon :

---

1. **Passé :** dépassé.
2. **Rendu raison de :** expliqué.
3. **Aristote :** philosophe et théoricien de la Grèce antique ; il ne semble pas avoir formulé de loi de ce genre.
4. **Horace :** poète latin du Iᵉʳ siècle, auteur d'un *Art poétique*.
5. **S'opiniâtre :** s'obstine.

Et quæ
Desperat tractata nitescere posse relinquit[1].

C'est ce que j'ai fait à l'égard de quelques Moralités du succès desquelles je n'ai pas bien espéré.

Il ne reste plus qu'à parler de la vie d'Ésope. Je ne vois presque personne qui ne tienne pour fabuleuse celle que Planude[2] nous a laissée. On s'imagine que cet Auteur a voulu donner à son Héros un caractère et des aventures qui répondissent à ses Fables. Cela m'a paru d'abord spécieux[3] ; mais j'ai trouvé à la fin peu de certitude en cette critique. Elle est en partie fondée sur ce qui se passe entre Xantus[4] et Ésope : on y trouve trop de niaiserie ; et qui est le sage à qui de pareilles choses n'arrivent point ? Toute la vie de Socrate n'a pas été sérieuse. Ce qui me confirme en mon sentiment, c'est que le caractère que Planude donne à Ésope est semblable à celui que Plutarque[5] lui a donné dans son Banquet des sept Sages, c'est-à-dire d'un homme subtil, et qui ne laisse rien passer. On me dira que le Banquet des sept Sages est aussi une invention. Il est aisé de douter de tout ; quant à moi, je ne vois pas bien pourquoi Plutarque aurait voulu imposer à la postérité dans ce traité-là, lui qui fait profession d'être véritable partout ailleurs, et de conserver à chacun son caractère. Quand cela serait, je ne saurais que mentir sur la foi d'autrui : me croira-t-on moins que si je m'arrête à la mienne ? Car ce que je puis est de composer un tissu de mes conjectures[6], lequel j'intitulerai : Vie d'Ésope[7]. Quelque vraisemblable que je le rende, on ne s'y assurera pas ; et Fable pour Fable, le lecteur préférera toujours celle de Planude à la mienne.

---

1. *Et quæ... relinquit :* vers d'Horace traduits par la phrase qui précède.
2. **Planude :** moine byzantin du XIVᵉ siècle qui aurait écrit une *Vie d'Ésope*.
3. **Spécieux :** douteux.
4. **Xantus :** citoyen grec dont Ésope aurait été l'esclave.
5. **Plutarque :** historien de la Grèce antique (46-120 av. J.-C.), auteur des *Vies parallèles* sur les grands personnages de l'Antiquité, et du *Banquet des sept Sages*, ouvrage de nature plus fantaisiste.
6. **Conjectures :** hypothèses.
7. **Vie d'Ésope :** certaines éditions reproduisent cette *Vie d'Ésope* dont La Fontaine est l'auteur.

Frontispice des *Fables choisies*, gravure de Charles Nicolas Cochin
d'après Oudry et Dupuis, édition de 1755-1759, Desaint et Saillant, Paris.

À Monseigneur le Dauphin

Je chante les Héros[1] dont Ésope est le Père :
Troupe de qui l'Histoire, encor que mensongère,
Contient des vérités qui servent de leçons.
Tout parle en mon Ouvrage, et même les Poissons :
Ce qu'ils disent s'adresse à tous tant que nous sommes.
Je me sers d'Animaux pour instruire les Hommes.
Illustre rejeton[2] d'un prince aimé des Cieux,
Sur qui le Monde entier a maintenant les yeux,
Et qui, faisant fléchir les plus superbes Têtes,
Comptera désormais ses jours par ses conquêtes,
Quelque autre te dira d'une plus forte voix
Les faits de tes Aïeux et les vertus des Rois.
Je vais t'entretenir de moindres Aventures,
Te tracer en ces vers de légères peintures :
Et si de t'agréer je n'emporte le prix[3],
J'aurai du moins l'honneur de l'avoir entrepris.

---

1. **Je chante les Héros** : imitation parodique du début du poème latin de Virgile, l'*Énéide*, « Je chante les combats et les héros… ».
2. **Rejeton** : descendant, fils (ici, du roi Louis XIV).
3. **Si de t'agréer… prix** : si je ne parviens pas à te séduire.

Livre premier

1. La Cigale et la Fourmi

La Cigale, ayant chanté
     Tout l'Été,
Se trouva fort dépourvue
Quand la Bise fut venue.
Pas un seul petit morceau
De mouche ou de vermisseau[1].
Elle alla crier famine
Chez la Fourmi sa voisine,
La priant de lui prêter
Quelque grain pour subsister
Jusqu'à la saison nouvelle.
« Je vous paierai, lui dit-elle,
Avant l'Août[2], foi d'animal,
Intérêt et principal[3]. »
La Fourmi n'est pas prêteuse :
C'est là son moindre défaut.
« Que faisiez-vous au temps chaud ?
Dit-elle à cette emprunteuse.
– Nuit et jour à tout venant
Je chantais, ne vous déplaise.
– Vous chantiez ? j'en suis fort aise :
Eh bien ! dansez maintenant. »

---

1. **Vermisseau :** petit vers.
2. **L'Août :** (prononcer « l'ou ») le mois d'août, période des moissons.
3. **Principal :** capital.

La Cigale et la Fourmi, gravure de Grandville, XIXe siècle.

2. Le Corbeau et le Renard

Maître Corbeau, sur un arbre perché,
Tenait en son bec un fromage.
Maître Renard, par l'odeur alléché,
Lui tint à peu près ce langage :
« Et bonjour, Monsieur du Corbeau.
Que vous êtes joli ! que vous me semblez beau !

                    Sans mentir, si votre ramage[1]
                    Se rapporte à votre plumage,
Vous êtes le Phénix[2] des hôtes de ces Bois. »
10   À ces mots, le Corbeau ne se sent pas de joie :
                    Et pour montrer sa belle voix,
Il ouvre un large bec, laisse tomber sa proie.
Le Renard s'en saisit, et dit : « Mon bon Monsieur,
                    Apprenez que tout flatteur
15   Vit aux dépens de celui qui l'écoute.
Cette leçon vaut bien un fromage, sans doute. »
                    Le Corbeau honteux et confus
Jura, mais un peu tard, qu'on ne l'y prendrait plus.

3. La Grenouille qui se veut faire aussi grosse que le Bœuf

                    Une Grenouille vit un Bœuf
                    Qui lui sembla de belle taille.
                    Elle qui n'était pas grosse en tout comme un œuf,
                    Envieuse s'étend, et s'enfle, et se travaille[3]
5   Pour égaler l'animal en grosseur,
                    Disant : « Regardez bien, ma sœur,
Est-ce assez ? dites-moi : n'y suis-je point encore ?
– Nenni[4]. – M'y voici donc ? – Point du tout. – M'y voilà ?
– Vous n'en approchez point. » La chétive pécore[5]
10   S'enfla si bien qu'elle creva.
Le monde est plein de gens qui ne sont pas plus sages :
Tout Bourgeois veut bâtir comme les grands Seigneurs,
            Tout petit Prince a des Ambassadeurs,
                    Tout Marquis veut avoir des Pages.

---

1. **Ramage :** chant des oiseaux dans les branches (les rameaux).
2. **Phénix :** oiseau fabuleux de l'Antiquité qui renaissait de ses cendres.
3. **Se travaille :** fait des efforts.
4. **Nenni :** forme archaïque pour insister sur la négation (pas du tout).
5. **Pécore :** femme sotte.

5. Le Loup et le Chien

Un Loup n'avait que les os et la peau ;
Tant les Chiens faisaient bonne garde.
Ce Loup rencontre un Dogue[1] aussi puissant que beau,
Gras, poli[2], qui s'était fourvoyé[3] par mégarde.
5   L'attaquer, le mettre en quartiers,
Sire Loup l'eût fait volontiers.
Mais il fallait livrer bataille ;
Et le Mâtin[4] était de taille
À se défendre hardiment.
10   Le Loup donc l'aborde humblement,
Entre en propos[5], et lui fait compliment
Sur son embonpoint, qu'il admire.
« Il ne tiendra qu'à vous, beau Sire,
D'être aussi gras que moi, lui repartit le Chien.
15   Quittez les bois, vous ferez bien :
Vos pareils y sont misérables,
Cancres, haires[6], et pauvres diables,
Dont la condition est de mourir de faim.
Car quoi ? Rien d'assuré ; point de franche lippée[7] ;
20   Tout à la pointe de l'épée.
Suivez-moi ; vous aurez un bien meilleur destin. »
Le Loup reprit : « Que me faudra-t-il faire ?
– Presque rien, dit le Chien ; donner la chasse aux gens
Portants bâtons, et mendiants[8] ;
25   Flatter ceux du logis, à son Maître complaire ;

---

1. **Dogue :** gros chien de garde.
2. **Poli :** au poil luisant.
3. **Fourvoyé :** égaré.
4. **Mâtin :** chien de ferme.
5. **Entre en propos :** lie conversation.
6. **Haires :** pauvres hommes, vagabonds.
7. **Lippée :** bon repas (d'après « lippe », au sens de « lèvre »).
8. **Portants... mendiants :** dans la langue de l'époque, le participe présent s'accorde comme un adjectif.

Moyennant quoi votre salaire
Sera force reliefs[1] de toutes les façons :
Os de poulets, os de pigeons ;
Sans parler de mainte caresse. »
30 Le Loup déjà se forge une félicité[2]
Qui le fait pleurer de tendresse.
Chemin faisant, il vit le col[3] du Chien pelé :
« Qu'est-ce là ? lui dit-il. – Rien. – Quoi ? rien ? – Peu de chose.
– Mais encor ? – Le collier dont je suis attaché
35 De ce que vous voyez est peut-être la cause.
– Attaché ? dit le Loup : vous ne courez donc pas
Où vous voulez ? – Pas toujours, mais qu'importe ?
– Il importe si bien, que de tous vos repas
Je ne veux en aucune sorte,
40 Et ne voudrais pas même à ce prix un trésor. »
Cela dit, maître Loup s'enfuit, et court encor.

9. Le Rat de ville et le Rat des champs

Autrefois le Rat de ville
Invita le Rat des champs,
D'une façon fort civile[4],
À des reliefs d'Ortolans[5].

5 Sur un Tapis de Turquie
Le couvert se trouva mis :
Je laisse à penser la vie
Que firent ces deux amis.

---

1. **Force reliefs** : de nombreux restes (des repas).
2. **Se forge une félicité** : imagine une vie heureuse.
3. **Col** : cou.
4. **Civile** : courtoise.
5. **Reliefs d'Ortolans** : restes de petits oiseaux appréciés des gourmets.

Le régal fut fort honnête[1],
Rien ne manquait au festin ;
Mais quelqu'un troubla la fête,
Pendant qu'ils étaient en train.

À la porte de la Salle
Ils entendirent du bruit ;
Le Rat de ville détale,
Son camarade le suit.

Le bruit cesse, on se retire :
Rats en campagne aussitôt[2] ;
Et le citadin de dire :
« Achevons tout notre rôt[3].

– C'est assez, dit le Rustique[4] ;
Demain vous viendrez chez moi ;
Ce n'est pas que je me pique[5]
De tous vos festins de Roi.

Mais rien ne vient m'interrompre ;
Je mange tout à loisir.
Adieu donc ; fi[6] du plaisir
Que la crainte peut corrompre[7]. »

---

1. **Honnête :** de bonne qualité.
2. **Rats en campagne aussitôt :** les rats se mettent immédiatement en ordre militaire.
3. **Rôt :** à l'origine, rôti ; en fait, tout repas.
4. **Le Rustique :** qui vient de la campagne (*rus, ruris* en latin), paysan.
5. **Je me pique :** je me vante (de profiter de vos festins).
6. **Fi :** exclamation de dédain.
7. **Corrompre :** gâter, abîmer.

Le Rat de ville et le Rat des champs, gravure sur bois de Pannemarker-Doms d'après Gustave Doré, édition de 1868.

10. Le Loup et l'Agneau

La raison du plus fort est toujours la meilleure ;
      Nous l'allons montrer tout à l'heure[1].
      Un Agneau se désaltérait
      Dans le courant d'une onde pure.
5 Un Loup survient à jeun qui cherchait aventure[2],
      Et que la faim en ces lieux attirait.
      « Qui te rend si hardi de troubler mon breuvage ?
      Dit cet animal plein de rage ;
Tu seras châtié de ta témérité.
10 – Sire, répond l'Agneau, que votre Majesté
      Ne se mette pas en colère ;
      Mais plutôt qu'elle considère
      Que je me vas désaltérant[3]
        Dans le courant,
15   Plus de vingt pas au-dessous d'Elle,
Et que par conséquent, en aucune façon,
      Je ne puis troubler sa boisson.
  – Tu la troubles, reprit cette bête cruelle,
Et je sais que de moi tu médis[4] l'an passé.
20 – Comment l'aurais-je fait si[5] je n'étais pas né ?
      Reprit l'Agneau ; je tette encor ma mère.
      – Si ce n'est toi, c'est donc ton frère.
      – Je n'en ai point. – C'est donc quelqu'un des tiens :
      Car vous ne m'épargnez guère,
25   Vous, vos Bergers, et vos Chiens.
On me l'a dit : il faut que je me venge. »
      Là-dessus au fond des forêts
      Le Loup l'emporte, et puis le mange
      Sans autre forme de procès.

---

1. **Tout à l'heure :** tout de suite.
2. **Aventure :** occasion favorable.
3. **Je me vas désaltérant :** tournure ancienne pour « je suis en train de boire ».
4. **Médis :** de « médire », dire du mal.
5. **Si :** puisque.

16. La Mort et le Bûcheron

Un pauvre Bûcheron tout couvert de ramée[1],
Sous le faix[2] du fagot aussi bien que des ans
Gémissant et courbé marchait à pas pesants,
Et tâchait de gagner sa chaumine[3] enfumée.
5   Enfin, n'en pouvant plus d'effort et de douleur,
Il met bas son fagot, il songe à son malheur :
Quel plaisir a-t-il eu depuis qu'il est au monde ?
En est-il un plus pauvre en la machine ronde[4] ?
Point de pain quelquefois, et jamais de repos.
10 Sa femme, ses enfants, les soldats, les impôts,
              Le créancier, et la corvée[5]
Lui font d'un malheureux la peinture achevée.
Il appelle la Mort ; elle vient sans tarder,
              Lui demande ce qu'il faut faire.
15   « C'est, dit-il, afin de m'aider
À recharger ce bois ; tu ne tarderas guère[6]. »

              Le trépas vient tout guérir ;
              Mais ne bougeons d'où nous sommes :
              Plutôt souffrir que mourir,
20   C'est la devise des hommes.

---

1. **Ramée** : branches d'arbres.
2. **Faix** : poids.
3. **Chaumine** : chaumière.
4. **La machine ronde** : la Terre.
5. **Corvée** : impôt payé par les paysans sous la forme d'une journée de travail.
6. **Tu ne tarderas guère** : tu ne te mettras guère en retard.

La Mort et le Bûcheron, gravure sur bois de Grandville, édition de 1838.

18. Le Renard et la Cigogne

Compère[1] le Renard se mit un jour en frais,
Et retint à dîner commère la Cigogne.
Le régal fut petit, et sans beaucoup d'apprêts :
    Le Galant pour toute besogne[2]
5   Avait un brouet[3] clair (il vivait chichement).
Ce brouet fut par lui servi sur une assiette.
La Cigogne au long bec n'en put attraper miette ;
Et le Drôle eut lapé le tout en un moment.
Pour se venger de cette tromperie,
10 À quelque temps de là, la Cigogne le prie[4] :
« Volontiers, lui dit-il, car avec mes amis
    Je ne fais point cérémonie. »
    À l'heure dite il courut au logis
    De la Cigogne son hôtesse,
15   Loua très fort la politesse,
    Trouva le dîner cuit à point.
Bon appétit surtout ; Renards n'en manquent point.
Il se réjouissait à l'odeur de la viande
Mise en menus morceaux, et qu'il croyait friande[5].
20   On servit pour l'embarrasser,
En un vase à long col et d'étroite embouchure
Le bec de la Cigogne y pouvait bien passer,
Mais le museau du Sire était d'autre mesure.
Il lui fallut à jeun retourner au logis,
25 Honteux comme un Renard qu'une Poule aurait pris,
    Serrant la queue, et portant bas l'oreille.
    Trompeurs, c'est pour vous que j'écris :
    Attendez-vous à la pareille.

---

1. **Compère :** appellation familière entre amis à la campagne.
2. **Besogne :** préparatif de repas.
3. **Brouet :** potage léger.
4. **Le prie :** l'invite.
5. **Friande :** agréable à manger.

22. Le Chêne et le Roseau

Le Chêne un jour dit au Roseau :
« Vous avez bien sujet d'accuser la Nature ;
Un Roitelet[1] pour vous est un pesant fardeau.
Le moindre vent qui d'aventure[2]
5 Fait rider la face de l'eau,
Vous oblige à baisser la tête :
Cependant que mon front, au Caucase[3] pareil,
Non content d'arrêter les rayons du Soleil,
Brave l'effort de la tempête.
10 Tout vous est Aquilon, tout me semble Zéphir[4].
Encor si vous naissiez à l'abri du feuillage
Dont je couvre le voisinage ;
Vous n'auriez pas tant à souffrir :
Je vous défendrais de l'orage ;
15 Mais vous naissez le plus souvent
Sur les humides bords des Royaumes du vent.
La Nature envers vous me semble bien injuste.
— Votre compassion, lui répondit l'Arbuste,
Part d'un bon naturel ; mais quittez ce souci.
20 Les vents me sont moins qu'à vous redoutables.
Je plie, et ne romps pas. Vous avez jusqu'ici
Contre leurs coups épouvantables
Résisté sans courber le dos ;
Mais attendons la fin. » Comme il disait ces mots
25 Du bout de l'horizon accourt avec furie
Le plus terrible des enfants
Que le Nord eût porté jusques-là dans ses flancs.
L'Arbre tient bon ; le Roseau plie.
Le vent redouble ses efforts,

---

1. **Roitelet :** oiseau de toute petite taille.
2. **D'aventure :** par hasard.
3. **Caucase :** montagne élevée du centre de l'Europe.
4. **Aquilon... Zéphir :** noms de vents, l'un du nord, l'autre de l'ouest.

30   Et fait si bien qu'il déracine
Celui de qui la tête au Ciel était voisine[1],
Et dont les pieds touchaient à l'empire des morts[2].

Le Chêne et le Roseau, gravure de De Villier
d'après Jean-Michel Moreau Le Jeune, édition de 1826.

1. **Celui de qui la tête au Ciel était voisine** : celui dont la tête touchait presque le ciel.
2. **Empire des morts** : expression poétique empruntée à Virgile pour désigner l'enfer.

Clefs d'analyse

Action et personnages

1. Dans la fable 1, lequel des deux personnages vous paraît le plus sympathique, et pourquoi ?

2. Dans la fable 2, définissez les traits de caractère dominants du Corbeau puis du Renard.

3. Faites le portrait des deux personnages de la fable 5.

4. Quels sont les divers arguments qu'utilise le Loup pour condamner l'Agneau dans la fable 10 ?

5. Comparez le Renard de la fable 2 à celui de la fable 18.

6. Établissez le portrait psychologique des deux personnages de la fable 22.

Langue

7. Dans la fable 1, quel est le mètre (longueur du vers) utilisé ? Un vers est plus court que les autres ; pourquoi ?

8. Quel est le rythme des quatre premiers vers de la fable 16 ?

9. Dans la fable 18, relevez les inversions.

10. Une seule fable dans le livre premier est composée de strophes. Laquelle ? Avec quel effet ?

11. Quel est le ton des deux derniers vers de la fable 22 ?

Genre ou thèmes

12. Dans la fable 10, la moralité est située avant le récit. Pourquoi ce choix ? Pensez-vous que ce vers (vers 1) justifie la force ?

13. Deux fables de ce livre n'ont pas pour acteurs des animaux. Lesquelles ? Pourquoi ?

14. « L'amour-propre est le plus grand de tous les flatteurs », écrit La Rochefoucauld dans ses *Maximes*. À quelle(s) fables(s) pourriez-vous appliquer cette remarque ?

15. Pourquoi la fable 22 ne comporte-t-elle pas de moralité ?

Clefs d'analyse

Écriture

16. La morale est absente dans la fable 1. Proposez-en une, dans le style de La Fontaine si possible.

17. Dans la moralité de la fable 3, trois catégories de personnages sont évoquées. Choisissez l'un d'eux et construisez le plan d'une fable le mettant en scène.

18. Imaginez la réponse de la Mort à la demande du Bûcheron dans la fable 16.

Pour aller plus loin

19. Retrouvez la fable d'Ésope qui sert de modèle à La Fontaine pour la fable 1. Quelles sont les similitudes et les différences ?

20. Rousseau écrivait, à propos de la fable 1 : « Vous croyez leur [aux enfants] donner la Cigale pour exemple, et point du tout, c'est la Fourmi qu'ils choisissent. [...] Quelle horrible leçon pour l'enfance. » Partagez-vous ce jugement ? Rédigez votre réponse en une dizaine de lignes.

21. Retrouvez l'illustration de Grandville pour la fable 2 et commentez-la.

22. À partir des fables 5 et 16, relevez ce que nous apprenons sur le mode de vie à la campagne au temps de La Fontaine.

✳ À retenir

Les fables du Livre premier, parmi les plus célèbres de La Fontaine, nous révèlent les caractéristiques du genre : l'utilisation d'un décor, le plus souvent campagnard, dans lequel apparaissent des personnages, essentiellement des animaux, au nombre de deux et qui s'affrontent dans un court récit chargé de délivrer une leçon. Le récit peut être appelé apologue, la leçon, située en début ou en fin de fable, constitue ce qu'on nomme la moralité.

Livre deuxième

1. Contre ceux qui ont le goût difficile

Quand j'aurais en naissant reçu de Calliope[1]
Les dons qu'à ses amants cette Muse a promis,
Je les consacrerais aux Mensonges[2] d'Ésope :
Le Mensonge et les Vers de tout temps sont amis.
5   Mais je ne me crois pas si chéri du Parnasse[3]
Que de savoir orner[4] toutes ces fictions.
On peut donner du lustre[5] à leurs inventions :
On le peut, je l'essaie ; un plus savant le fasse[6].
Cependant jusqu'ici d'un langage nouveau
10   J'ai fait parler le Loup, et répondre l'Agneau.
J'ai passé plus avant ; les Arbres et les Plantes
Sont devenus chez moi créatures parlantes :
Qui ne prendrait ceci pour un enchantement[7] ?
           « Vraiment, me diront nos Critiques,
15   Vous parlez magnifiquement
               De cinq ou six contes d'enfant.
— Censeurs, en voulez-vous qui soient plus authentiques
Et d'un style plus haut ? En voici. Les Troyens[8],
Après dix ans de guerre autour de leurs murailles,
20   Avaient lassé les Grecs, qui, par mille moyens,
           Par mille assauts, par cent batailles,

---

1. **Calliope :** muse de la poésie épique dans la mythologie grecque.
2. **Mensonges :** récits d'imagination.
3. **Parnasse :** montagne de la Grèce où habitaient les Muses.
4. **Que de savoir orner :** pour être capable d'embellir.
5. **Lustre :** éclat.
6. **Un plus savant le fasse :** qu'un plus savant le fasse.
7. **Enchantement :** effet magique.
8. **Troyens :** habitants de la ville de Troie, cité d'Asie Mineure, qui fut l'enjeu d'une guerre que raconte Homère dans l'*Iliade*.

N'avaient pu mettre à bout cette fière Cité :
Quand un cheval de bois par Minerve[1] inventé
    D'un rare et nouvel artifice,
25 Dans ses énormes flancs reçut le sage Ulysse[2],
Le vaillant Diomède, Ajax[3] l'impétueux,
    Que ce Colosse monstrueux,
Avec leurs escadrons devait porter dans Troie,
Livrant à leur fureur ses Dieux mêmes en proie :
30 Stratagème inouï, qui des fabricateurs[4]
    Paya la constance et la peine.
  – C'est assez, me dira quelqu'un de nos Auteurs,
La période[5] est longue, il faut reprendre haleine ;
    Et puis votre Cheval de bois,
35   Vos Héros avec leurs Phalanges[6],
    Ce sont des contes plus étranges
Qu'un Renard qui cajole un Corbeau sur sa voix.
De plus, il vous sied mal d'écrire en si haut style.
  – Eh bien, baissons d'un ton. La jalouse Amarylle[7]
40 Songeait à son Alcippe, et croyait de ses soins[8]
N'avoir que ses Moutons et son Chien pour témoins.
Tircis, qui l'aperçut, se glisse entre des Saules ;
Il entend la bergère adressant ces paroles
    Au doux Zéphire[9], et le priant
45   De les porter à son Amant.
    – Je vous arrête à cette rime,
    Dira mon Censeur à l'instant :
    Je ne la tiens pas légitime[10],

---

1. **Minerve :** ou Athéna, déesse protectrice des Grecs.
2. **Ulysse :** héros de l'*Odyssée*, à qui on devrait l'invention du fameux cheval de bois.
3. **Diomède, Ajax :** autres combattants grecs.
4. **Fabricateurs :** ceux qui ont fabriqué le cheval de Troie.
5. **Période :** phrase.
6. **Phalanges :** troupes.
7. **Amarylle :** nom de bergère emprunté à la pastorale, genre sentimental à la mode.
8. **Soins :** galanteries, approches amoureuses.
9. **Zéphire :** dieu du Vent ; vent léger.
10. **Je ne la tiens pas légitime :** je ne la tiens pas pour légitime.

Ni d'une assez grande vertu[1].
50 Remettez, pour le mieux, ces deux Vers à la fonte[2]. »
Maudit Censeur, te tairas-tu ?
Ne saurais-je achever mon conte ?
C'est un dessein très dangereux
Que d'entreprendre de te plaire :
55 Les délicats[3] sont malheureux ;
Rien ne saurait les satisfaire.

2. Conseil tenu par les Rats

Un Chat nommé Rodilardus[4]
Faisait de Rats telle déconfiture
Que l'on n'en voyait presque plus,
Tant il en avait mis dedans la sépulture.
5 Le peu qu'il en restait, n'osant quitter son trou,
Ne trouvait à manger que le quart de son sou[5] ;
Et Rodilard passait, chez la Gent misérable[6],
Non pour un Chat, mais pour un Diable.
Or un jour qu'au haut et au loin
10 Le Galant alla chercher femme,
Pendant tout le sabbat[7] qu'il fit avec sa Dame,
Le demeurant[8] des Rats tint Chapitre[9] en un coin
Sur la nécessité[10] présente.
Dès l'abord leur Doyen[11], personne fort prudente,

---

1. **Vertu** : valeur.
2. **Remettez... fonte** : recomposez ces deux vers.
3. **Les délicats** : ceux qui ont le goût difficile.
4. **Rodilardus** : nom emprunté à Rabelais et qui signifie « qui mange le lard ».
5. **Sou** : ou « soûl », besoin (*cf.* « tout son soul », à satiété).
6. **La Gent misérable** : l'espèce, la race digne de pitié.
7. **Sabbat** : agitation bruyante, comme celle des sorcières les « nuits de sabbat ».
8. **Le demeurant** : ceux qui restent.
9. **Tint Chapitre** : réunit un conseil.
10. **Nécessité** : situation.
11. **Doyen** : le plus âgé.

15 Opina[1] qu'il fallait, et plus tôt que plus tard,
Attacher un grelot au cou de Rodilard ;
          Qu'ainsi, quand il irait en guerre,
De sa marche avertis ils s'enfuiraient sous terre ;
          Qu'il n'y savait que ce moyen.
20 Chacun fut de l'avis de Monsieur le Doyen ;
Chose[2] ne leur parut à tous plus salutaire.
La difficulté fut d'attacher le grelot.
L'un dit : « Je n'y vas point, je ne suis pas si sot » ;
L'autre : « Je ne saurais ». Si bien que sans rien faire
25   On se quitta. J'ai maints Chapitres vus[3],
          Qui pour néant se sont ainsi tenus :
Chapitres non de Rats, mais Chapitres de Moines,
          Voire Chapitres de Chanoines.
                    Ne faut-il que délibérer,
30   La Cour[4] en Conseillers foisonne ;
                    Est-il besoin d'exécuter,
                    L'on ne rencontre plus personne.

4. Les deux Taureaux et une Grenouille

Deux Taureaux combattaient à qui posséderait
          Une Génisse avec l'empire.
          Une Grenouille en soupirait.
          « Qu'avez-vous ? se mit à lui dire
5   Quelqu'un du peuple croassant[5].
          – Et ne voyez-vous pas, dit-elle,
          Que la fin de cette querelle
Sera l'exil de l'un ; que l'autre, le chassant
Le fera renoncer aux campagnes fleuries ?
10 Il ne régnera plus sur l'herbe des prairies,

---

1. **Opina :** décida.
2. **Chose :** aucune chose.
3. **J'ai maints Chapitres vus :** j'ai vu beaucoup de chapitres (réunions).
4. **La Cour :** la cour de justice.
5. **Croassant :** il faudrait dire plutôt « coassant », seuls les corbeaux « croassent »

Viendra dans nos marais régner sur les Roseaux,
Et nous foulant aux pieds jusques au fond des eaux,
Tantôt l'une, et puis l'autre, il faudra qu'on pâtisse[1]
Du combat qu'a causé Madame la Génisse. »

15   Cette crainte était de bon sens ;
         L'un des Taureaux en leur demeure[2]
         S'alla cacher à leurs dépens :
         Il en écrasait vingt par heure.

     Hélas ! on voit que de tout temps
20   Les petits ont pâti des sottises des grands.

9. Le Lion et le Moucheron

« Va-t'en, chétif Insecte, excrément de la terre. »
         C'est en ces mots que le Lion
         Parlait un jour au Moucheron.
         L'autre lui déclara la guerre.
5   « Penses-tu, lui dit-il, que ton titre de Roi
         Me fasse peur ni me soucie[3] ?
         Un Bœuf est plus puissant que toi,
         Je le mène à ma fantaisie. »
         À peine il achevait ces mots
10   Que lui-même il sonna la charge,
         Fut le Trompette et le Héros.
         Dans l'abord[4] il se met au large,
         Puis prend son temps[5], fond sur le cou
         Du Lion, qu'il rend presque fou.
15   Le quadrupède écume, et son œil étincelle ;
     Il rugit ; on se cache, on tremble à l'environ ;
         Et cette alarme universelle

---

1. **Pâtisse :** souffre.
2. **En leur demeure :** celle des grenouilles.
3. **Me soucie :** m'inquiète.
4. **Dans l'abord :** pour l'attaque.
5. **Prend son temps :** choisit son moment.

Est l'ouvrage d'un Moucheron.
Un avorton de Mouche en cent lieux le harcelle[1],
20 Tantôt pique l'échine, et tantôt le museau,
Tantôt entre au fond du naseau.
La rage alors se trouve à son faîte montée[2].
L'invisible ennemi triomphe, et rit de voir
Qu'il n'est griffe ni dent en la Bête irritée
25 Qui de la mettre en sang ne fasse son devoir[3].
Le malheureux Lion se déchire lui-même,
Fait résonner sa queue à l'entour de[4] ses flancs,
Bat l'air qui n'en peut mais[5], et sa fureur extrême
Le fatigue, l'abat ; le voilà sur les dents[6].
30 L'Insecte du combat se retire avec gloire :
Comme il sonna la charge, il sonne la victoire,
Va partout l'annoncer, et rencontre en chemin
L'embuscade d'une Araignée ;
Il y rencontre aussi sa fin.
35 Quelle chose par là nous peut être enseignée ?
J'en vois deux, dont l'une est qu'entre nos ennemis
Les plus à craindre sont souvent les plus petits ;
L'autre, qu'aux grands périls tel a pu se soustraire,
Qui périt pour la moindre affaire.

10. L'Âne chargé d'éponges, et l'Âne chargé de sel

Un Ânier, son sceptre[7] à la main,
Menait, en Empereur Romain,
Deux Coursiers à longues oreilles.

---

1. **Harcelle :** on écrit aujourd'hui « harcèle ».
2. **Se trouve à son faîte montée :** atteint son sommet.
3. **Qui de la mettre… devoir :** qui pense de son devoir de la mettre en sang.
4. **À l'entour de :** autour de.
5. **N'en peut mais :** n'y peut rien.
6. **Sur les dents :** épuisé, comme un cheval dont les dents tirent sur le mors.
7. **Sceptre :** désigne de manière parodique le bâton.

L'un d'Éponges chargé marchait comme un Courrier[1] ;

5   Et l'autre se faisant prier

              Portait, comme on dit, les bouteilles[2] :

Sa charge était de Sel. Nos gaillards Pèlerins[3],

              Par monts, par vaux, et par chemins,

Au gué d'une Rivière à la fin arrivèrent,

10   Et fort empêchés[4] se trouvèrent.

L'Ânier, qui tous les jours traversait ce gué-là

              Sur l'Âne à l'Éponge monta,

              Chassant devant lui l'autre Bête,

              Qui voulant en faire à sa tête,

15   Dans un trou se précipita,

              Revint sur l'eau, puis échappa[5] ;

              Car au bout de quelques nagées[6],

              Tout son sel se fondit si bien

              Que le Baudet ne sentit rien

20   Sur ses épaules soulagées.

Camarade Épongier[7] prit exemple sur lui,

Comme un Mouton qui va dessus[8] la foi d'autrui.

Voilà, mon Âne à l'eau : jusqu'au col il se plonge,

              Lui, le Conducteur et l'Éponge.

25 Tous trois burent d'autant[9] : l'Ânier et le Grison[10]

              Firent à l'Éponge raison[11].

              Celle-ci devint si pesante,

              Et de tant d'eau s'emplit d'abord,

Que l'Âne succombant ne put gagner le bord.

---

1. **Courrier** : celui qui transporte les dépêches au plus vite.
2. **Portait... les bouteilles** : avançait lentement et avec précaution.
3. **Gaillards Pèlerins** : « pèlerins » signifie ici « vagabonds » ; « gaillards » a valeur d'épithète et signale leur solidité.
4. **Empêchés** : embarrassés.
5. **Échappa** : en réchappa, s'en sortit.
6. **Nagées** : brasses, mot inventé par La Fontaine.
7. **Épongier** : autre néologisme.
8. **Dessus la foi** : sur la parole.
9. *Burent d'autant* : burent beaucoup.
10. **Grison** : l'âne, à cause de sa couleur.
11. **Firent à l'Éponge raison** : burent comme l'éponge.

30   L'Ânier l'embrassait[1] dans l'attente
        D'une prompte et certaine mort.
Quelqu'un vint au secours : qui ce fut, il n'importe ;
C'est assez qu'on ait vu par là qu'il ne faut point
        Agir chacun de même sorte.
35   J'en voulais venir à ce point.

11. Le Lion et le Rat

Il faut, autant qu'on peut, obliger tout le monde :
On a souvent besoin d'un plus petit que soi.
De cette vérité deux Fables[2] feront foi,
        Tant la chose en preuves abonde.

5   Entre les pattes d'un Lion
Un Rat sortit de terre assez à l'étourdie.
Le Roi des Animaux, en cette occasion,
Montra ce qu'il était, et lui donna la vie.
        Ce bienfait ne fut pas perdu.
10   Quelqu'un aurait-il jamais cru
        Qu'un Lion d'un Rat eût affaire[3] ?
Cependant il avint[4] qu'au sortir des forêts
        Ce Lion fut pris dans des rets[5]
Dont ses rugissements ne le purent défaire.
15   Sire Rat accourut, et fit tant par ses dents
Qu'une maille rongée emporta tout l'ouvrage.

        Patience et longueur de temps
        Font plus que force ni que rage.

---

1. **L'embrassait :** s'accrochait à son cou (avec les bras).
2. **Deux fables :** la deuxième est *La Colombe et la Fourmi*, non reproduite.
3. **Eut affaire :** eut besoin.
4. **Il avint :** forme archaïque pour « il advint ».
5. **Rets :** filets.

14. Le Lièvre et les Grenouilles

Un Lièvre en son gîte[1] songeait
(Car que faire en un gîte, à moins que l'on ne songe ?) ;
Dans un profond ennui ce Lièvre se plongeait :
Cet animal est triste, et la crainte le ronge.
5 « Les gens de naturel peureux
Sont, disait-il, bien malheureux ;
Ils ne sauraient manger morceau qui leur profite.
Jamais un plaisir pur, toujours assauts divers :
Voilà comme je vis : cette crainte maudite
10 M'empêche de dormir, sinon les yeux ouverts.
Corrigez-vous, dira quelque sage cervelle.
Et la peur se corrige-t-elle ?
Je crois même qu'en bonne foi
Les hommes ont peur comme moi. »
15 Ainsi raisonnait notre Lièvre,
Et cependant[2] faisait le guet.
Il était douteux[3], inquiet ;
Un souffle, une ombre, un rien, tout lui donnait la fièvre.
Le mélancolique Animal,
20 En rêvant à cette matière,
Entend un léger bruit : ce lui fut un signal
Pour s'enfuir devers[4] sa tanière.
Il s'en alla passer sur le bord d'un Étang :
Grenouilles aussitôt de sauter dans les ondes ;
25 Grenouilles de rentrer en leurs grottes profondes.
« Oh ! dit-il, j'en fais faire autant
Qu'on m'en fait faire ! Ma présence
Effraie aussi les gens ! je mets l'alarme au camp !
Et d'où me vient cette vaillance ?
30 Comment ! des Animaux qui tremblent devant moi !

---

1. **Gîte :** refuge habituel du lièvre (alors que le lapin vit dans un terrier).
2. **Cependant :** pendant ce temps.
3. **Douteux :** plein de crainte.
4. **Devers :** vers.

Je suis donc un foudre de guerre ?
Il n'est, je le vois bien, si poltron sur la terre
Qui ne puisse trouver un plus poltron que soi. »

15. Le Coq et le Renard

Sur la branche d'un arbre était en sentinelle
        Un vieux Coq adroit et matois[1].
« Frère, dit un Renard, adoucissant sa voix,
        Nous ne sommes plus en querelle :
5   Paix générale cette fois.
Je viens te l'annoncer ; descends que je t'embrasse[2] ;
        Ne me retarde point de grâce :
Je dois faire aujourd'hui vingt postes[3] sans manquer[4].
        Les tiens et toi pouvez vaquer
10   Sans nulle crainte à vos affaires[5] :
        Nous vous y servirons en frères.
        Faites-en les feux[6] dès ce soir.
        Et cependant viens recevoir
        Le baiser d'amour fraternelle[7].
15 – Ami, reprit le Coq, je ne pouvais jamais
Apprendre une plus douce et meilleure nouvelle
                Que celle
           De cette paix.
        Et ce m'est une double joie
20 De la tenir de toi. Je vois deux Lévriers,
        Qui, je m'assure[8], sont courriers
        Que pour ce sujet on envoie.
Ils vont vite, et seront dans un moment à nous.

---

1. **Matois :** rusé, malin.
2. **T'embrasse :** te prenne dans mes bras.
3. **Postes :** relais de poste espacés d'environ huit kilomètres.
4. **Sans manquer :** sans faute.
5. **Vaquer... à vos affaires :** vous occuper... de vos affaires.
6. **Feux :** feux de joie.
7. **Fraternelle :** dans la langue de l'époque, le mot « amour » est féminin.
8. **Je m'assure :** j'en suis sûr.

Je descends ; nous pourrons nous entre-baiser tous.
25   – Adieu, dit le Renard : ma traite[1] est longue à faire.
Nous nous réjouirons du succès de l'affaire
      Une autre fois. » Le Galant[2] aussitôt
         Tire ses grègues[3], gagne au haut[4],
         Mal content de son stratagème ;
30   Et notre vieux Coq en soi-même
         Se mit à rire de sa peur ;
Car c'est double plaisir de tromper le trompeur.

16. Le Corbeau voulant imiter l'Aigle

L'Oiseau de Jupiter[5] enlevant un Mouton,
      Un Corbeau témoin de l'affaire,
Et plus faible de reins, mais non pas moins glouton,
      En voulut sur l'heure autant faire.
5   Il tourne à l'entour du troupeau,
Marque[6] entre cent Moutons le plus gras, le plus beau,
      Un vrai Mouton de sacrifice :
On l'avait réservé pour la bouche des Dieux.
Gaillard[7] Corbeau disait, en le couvant des yeux :
10   « Je ne sais qui fut ta nourrice ;
Mais ton corps me paraît en merveilleux état :
      Tu me serviras de pâture. »
Sur l'animal bêlant, à ces mots, il s'abat.
      La moutonnière créature
15 Pesait plus qu'un fromage ; outre que sa toison
      Était d'une épaisseur extrême,
Et mêlée à peu près de la même façon

---

1. **Traite :** trajet.
2. **Le Galant :** le rusé.
3. **Grègues :** pantalons amples ; « tirer ses grègues » signifie « s'en aller ».
4. **Gagne au haut :** s'éloigne, s'enfuit.
5. **L'oiseau de Jupiter :** l'aigle.
6. **Marque :** choisit.
7. **Gaillard :** plein d'allant (adjectif).

Que la barbe de Polyphème[1].
Elle empêtra si bien les serres du Corbeau
20 Que le pauvre Animal ne put faire retraite :
Le Berger vient, le prend, l'encage bien et beau[2],
Le donne à ses enfants pour servir d'amusette.
Il faut se mesurer[3], la conséquence est nette.
Mal prend aux Volereaux[4] de faire les Voleurs.
25 L'exemple est un dangereux leurre :
Tous les mangeurs de gens ne sont pas grands Seigneurs ;
Où la Guêpe a passé, le Moucheron demeure[5].

17. Le Paon se plaignant à Junon

Le Paon se plaignait à Junon[6] :
« Déesse, disait-il, ce n'est pas sans raison
Que je me plains, que je murmure ;
Le chant dont vous m'avez fait don
5 Déplaît à toute la Nature ;
Au lieu qu'[7]un Rossignol, chétive créature,
Forme des sons aussi doux qu'éclatants,
Est lui seul l'honneur du Printemps. »
Junon répondit en colère :
10 « Oiseau jaloux, et qui devrais te taire,
Est-ce à toi d'envier la voix du Rossignol,
Toi que l'on voit porter à l'entour de ton col
Un arc-en-ciel nué[8] de cent sortes de soies ;
Qui te panades[9], qui déploies

---

1. **Polyphème :** le Cyclope qui apparaît dans l'*Odyssée* et qu'on présente affecté d'une grande barbe.
2. **Bien et beau :** bel et bien.
3. **Se mesurer :** prendre la mesure de ses forces.
4. **Volereaux :** petits voleurs.
5. **Où la guêpe a passé… demeure :** allusion aux toiles d'araignée qui retiennent les insectes.
6. **Junon :** épouse de Jupiter (Zeus) dans la mythologie grecque.
7. **Au lieu que :** alors que.
8. **Nué :** nuancé.
9. **Panades :** pavanes.

15 Une si riche queue, et qui semble à nos yeux
          La Boutique d'un Lapidaire[1] ?
          Est-il quelque Oiseau sous les Cieux
          Plus que toi capable de plaire ?
Tout Animal n'a pas toutes propriétés.
20 Nous vous avons donné diverses qualités :
Les uns ont la grandeur et la force en partage ;
Le Faucon est léger, l'Aigle plein de courage,
          Le Corbeau sert pour le présage[2],
La Corneille avertit des malheurs à venir :
25   Tous sont contents de leur ramage[3].
Cesse donc de te plaindre, ou bien pour te punir
          Je t'ôterai ton plumage. »

18. La Chatte métamorphosée en femme

Un homme chérissait éperdument sa Chatte ;
Il la trouvait mignonne, et belle, et délicate,
          Qui miaulait d'un ton fort doux :
          Il était plus fou que les fous.
5   Cet Homme donc, par prières, par larmes,
          Par sortilèges et par charmes[4],
          Fait tant qu'il obtient du Destin
          Que sa Chatte en un beau matin
          Devient femme, et le matin même
10   Maître sot en fait sa moitié[5].
          Le voilà fou d'amour extrême,
          De fou qu'il était d'amitié.
          Jamais la Dame la plus belle

---

1. **Lapidaire :** marchand de pierres précieuses.
2. **Présage :** on prêtait dans l'Antiquité au corbeau et à la corneille des vertus prophétiques.
3. **Ramage :** chant.
4. **Charmes :** opérations magiques.
5. **En fait sa moitié :** l'épouse.

Ne charma tant son Favori
15 Que fait cette Épouse nouvelle
Son hypocondre[1] de mari.
Il l'amadoue, elle le flatte ;
Il n'y trouve plus rien de Chatte,
Et poussant l'erreur jusqu'au bout,
20 La croit femme en tout et par tout,
Lorsque quelques Souris qui rongeaient de la natte[2]
Troublèrent le plaisir des nouveaux mariés.
Aussitôt la Femme est sur pieds :
Elle manqua son aventure[3].
25 Souris de revenir, Femme d'être en posture[4].
Pour cette fois elle accourut à point ;
Car ayant changé de figure,
Les souris ne la craignaient point.
Ce lui fut toujours une amorce[5],
30 Tant le naturel a de force.
Il se moque de tout, certain âge accompli.
Le vase est imbibé, l'étoffe a pris son pli.
En vain de son train[6] ordinaire
On le veut désaccoutumer.
35 Quelque chose qu'on puisse faire,
On ne saurait le réformer.
Coups de fourche ni d'étrivières[7]
Ne lui font changer de manières ;
Et, fussiez-vous embâtonnés[8],
40 Jamais vous n'en serez les maîtres.
Qu'on lui ferme la porte au nez,
Il reviendra par les fenêtres.

---

1. **Hypocondre :** fou, extravagant (on dit encore aujourd'hui « hypocondriaque »).
2. **Natte :** tapis de paille.
3. **Son aventure :** sa tentative pour attraper la souris.
4. **En posture :** en position d'attaque.
5. **Amorce :** appât, leurre.
6. **Son train :** ses habitudes.
7. **Étrivières :** courroies qui attachent les étriers.
8. **Embâtonnés :** armés d'un bâton.

19. Le Lion et l'Âne chassant

Le roi des animaux se mit un jour en tête
    De giboyer[1]. Il célébrait sa fête.
Le gibier du Lion, ce ne sont pas moineaux,
Mais beaux et bons Sangliers, Daims et Cerfs bons et beaux.
5   Pour réussir dans cette affaire,
        Il se servit du ministère[2]
        De l'Âne à la voix de Stentor[3].
L'Âne à Messer[4] Lion fit office de Cor.
Le Lion le posta, le couvrit de ramée,
10 Lui commanda de braire, assuré qu'à ce son
Les moins intimidés fuiraient de leur maison.
Leur troupe n'était pas encore accoutumée
        À la tempête de sa voix ;
L'air en retentissait d'un bruit épouvantable :
15 La frayeur saisissait les hôtes de ces bois.
Tous fuyaient, tous tombaient au piège inévitable
        Où les attendait le Lion.
« N'ai-je pas bien servi dans cette occasion ?
Dit l'Âne, en se donnant tout l'honneur de la chasse.
20 – Oui, reprit le Lion, c'est bravement[5] crié :
Si je ne connaissais ta personne et ta race,
        J'en serais moi-même effrayé. »
L'Âne, s'il eût osé, se fût mis en colère,
Encor qu'on le raillât avec juste raison :
25 Car qui pourrait souffrir un Âne fanfaron ?
        Ce n'est pas là leur caractère.

---

1. **Giboyer :** chasser.
2. **Ministère :** service.
3. **Stentor :** soldat grec doté d'une voix très puissante selon Homère (*Iliade*, chant V).
4. **Messer :** forme italienne, donc pittoresque, pour « messire ».
5. **Bravement :** courageusement et très fort.

Clefs d'analyse

Action et personnages

1. Dans la fable 1, les personnages agissent tantôt comme des animaux, tantôt comme des humains. Montrez-le.

2. Établissez le plan de la fable 2.

3. Le Coq de la fable 15 semble plus avisé que le Renard de la fable 2. Montrez-le.

4. De quel défaut fait preuve le Corbeau de la fable 16 ?

5. À quoi voit-on la vanité du Paon dans la fable 17 ?

Langue

6. Dans la fable 2, le Chat est nommé de deux façons (vers 1 et 7). Pourquoi cette différence ?

7. Relevez, dans la fable 2, les mots appartenant au vocabulaire de la justice.

8. L'emploi du verbe « croasser » au vers 5 de la fable 4 paraît être une erreur de La Fontaine. Que révèle cette impropriété ?

9. Étudiez, dans la fable 9, l'alternance des octosyllabes et des alexandrins.

10. Quelle est la tonalité générale de la fable 9 ?

11. Dans la fable 11, le Lion est appelé au vers 7 « le Roi des Animaux ». Comment se nomme cette figure de style ? Trouvez-en deux autres exemples dans la fable 16. Trouvez une autre fable du Livre deuxième où se retrouve l'expression.

12. À quel mot renvoie le pronom « leur » au dernier vers de la fable 19 ? Que pensez-vous de cette tournure ?

Genre ou thèmes

13. Que nous apprend la fable 1 sur les conceptions littéraires de La Fontaine en matière de fable ?

14. Qu'a de particulier la moralité de la fable 9 ? Pourquoi cette façon de faire ?

15. « Tromper le trompeur », dit la moralité de la fable 15. Quelle fable du Livre premier nous délivre le même message ?

16. Un vers, devenu proverbe et dont La Fontaine n'est pas l'auteur, pourrait servir de moralité à la fable 18. Lequel ?

Écriture

17. Rédigez la suite de la fable 9 : le Moucheron est capturé par l'Araignée, et le Lion, peu rancunier, lui vient en aide.

18. Vous écrivez à un(e) ami(e) pour lui raconter, à votre manière, l'histoire qui constitue la fable 18, *La Chatte métamorphosée en Femme*.

19. Junon a exécuté sa menace exprimée à la fin de la fable 17. Le Paon rencontre un autre animal (de votre choix) et se plaint de sa mésaventure. Rédigez ce texte.

Pour aller plus loin

20. Renseignez-vous sur l'épisode de la guerre de Troie évoquée dans la fable 1. Quelles œuvres de l'Antiquité évoquent ce conflit ?

21. Retrouvez la fable 12, non reproduite, *La Colombe et la Fourmi*, que La Fontaine présente comme complémentaire de la fable 11. Établissez une comparaison précise entre les deux textes.

✳ À retenir

Le but de la fable, nous précise La Fontaine, est d'« instruire et plaire » (VI, 1), le récit n'étant là que pour agrémenter la leçon. C'est pourquoi la fable appartient à la littérature morale, composée d'œuvres destinées à nous faire réfléchir et à nous délivrer un enseignement. Par exemple, pour le Livre deuxième, sur des sujets comme la sévérité des critiques (1), l'abondance des conseillers (2), la force cachée des petits (9), la vertu de la patience (11), la vanité (14), la force du naturel (18), etc.

Livre troisième

1. Le Meunier, son Fils et l'Âne

À M. D. M.[1]

L'invention des Arts étant un droit d'aînesse,
Nous devons l'Apologue à l'ancienne Grèce.
Mais ce champ ne se peut tellement moissonner
Que les derniers venus n'y trouvent à glaner[2].
5 La Feinte[3] est un pays plein de terres désertes :
Tous les jours nos Auteurs y font des découvertes.
Je t'en veux dire un trait assez bien inventé.
Autrefois à Racan Malherbe[4] l'a conté.
Ces deux rivaux d'Horace[5], héritiers de sa Lyre,
10 Disciples d'Apollon[6], nos Maîtres pour mieux dire,
Se rencontrant un jour, tout seuls et sans témoins
(Comme ils se confiaient leurs pensers et leurs soins[7]),
Racan commence ainsi : « Dites-moi, je vous prie,
Vous qui devez savoir les choses de la vie,
15 Qui par tous ses degrés avez déjà passé,
Et que rien ne doit fuir[8] en cet âge avancé,
À quoi me résoudrai-je ? Il est temps que j'y pense.
Vous connaissez mon bien, mon talent, ma naissance :
Dois-je dans la Province établir mon séjour,
20 Prendre emploi dans l'Armée ? ou bien charge à la Cour ?

---

1. **À M. D. M. :** dédicace à M. de Maucroix, ami de La Fontaine.
2. **Glaner :** ramasser quelques épis, comme après la moisson.
3. **La Feinte :** les écrits imaginaires, la fiction.
4. **Racan, Malherbe :** poètes du début du XVIIe siècle.
5. **Horace :** poète latin.
6. **Apollon :** dieu de la Poésie.
7. **Soins :** soucis.
8. **Rien ne doit fuir :** rien ne doit être étranger.

Tout au monde est mêlé d'amertume et de charmes :
La Guerre a ses douceurs, l'Hymen a ses alarmes.
Si je suivais mon goût, je saurais où buter[1] ;
Mais j'ai les miens, la Cour, le Peuple à contenter. »
25 Malherbe là-dessus : « Contenter tout le monde !
Écoutez ce récit avant que je réponde. »

J'ai lu dans quelque endroit qu'un Meunier et son Fils,
L'un vieillard, l'autre enfant, non pas des plus petits,
Mais garçon de quinze ans, si j'ai bonne mémoire,
30 Allaient vendre leur Âne un certain jour de foire.
Afin qu'il fût plus frais et de meilleur débit[2],
On lui lia les pieds, on vous le suspendit ;
Puis cet Homme et son Fils le portent comme un lustre ;
Pauvres gens, idiots, couple ignorant et rustre.
35 Le premier qui les vit de rire s'éclata[3].
« Quelle farce, dit il, vont jouer ces gens-là ?
Le plus Âne des trois n'est pas celui qu'on pense. »
Le Meunier à ces mots connaît[4] son ignorance.
Il met sur pieds sa Bête, et la fait détaler.
40 L'Âne, qui goûtait fort l'autre façon d'aller,
Se plaint en son patois. Le Meunier n'en a cure[5].
Il fait monter son Fils, il suit, et d'aventure
Passent trois bons Marchands. Cet objet[6] leur déplut.
Le plus vieux au Garçon s'écria tant qu'il put :
45 « Oh là oh ! descendez, que l'on ne vous le dise[7],
Jeune homme qui menez Laquais à barbe grise.
C'était à vous de suivre, au vieillard de monter.
– Messieurs, dit le Meunier, il vous faut contenter[8]. »

---

1. **Buter :** fixer mon but.
2. **De meilleur débit :** plus facile à vendre.
3. **De rire s'éclata :** éclata de rire (tournure vieillie).
4. **Connaît :** reconnaît.
5. **N'en a cure :** ne s'en soucie pas.
6. **Objet :** spectacle.
7. **Que l'on ne vous le dise :** sans qu'on vous le dise.
8. **Il vous faut contenter :** il faut vous contenter.

L'enfant met pied à terre, et puis le Vieillard monte,
50   Quand, trois filles passant, l'une dit : « C'est grand'honte
Qu'il faille voir ainsi clocher[1] ce jeune fils,
Tandis que ce nigaud, comme un Évêque assis,
Fait le veau sur son Âne, et pense être bien sage.
– Il n'est, dit le Meunier, plus de Veaux à mon âge.
55   Passez votre chemin, la Fille, et m'en croyez. »
Après maints quolibets[2] coup sur coup renvoyés,
L'Homme crut avoir tort, et mit son Fils en croupe.
Au bout de trente pas, une troisième troupe
Trouve encore à gloser[3]. L'un dit : « Ces gens sont fous,
60   Le Baudet n'en peut plus ; il mourra sous leurs coups.
Hé quoi, charger ainsi cette pauvre Bourrique !
N'ont-ils point de pitié de leur vieux domestique ?
Sans doute qu'à la Foire ils vont vendre sa peau.
– Parbieu[4], dit le Meunier, est bien fou du cerveau
65   Qui prétend contenter tout le monde et son Père :
Essayons toutefois, si par quelque manière
Nous en viendrons à bout. » Ils descendent tous deux.
L'Âne, se prélassant, marche seul devant eux.
Un Quidam[5] les rencontre, et dit : « Est-ce la mode
70   Que Baudet aille à l'aise, et Meunier s'incommode ?
Qui de l'Âne ou du Maître est fait pour se lasser ?
Je conseille à ces Gens de le faire enchâsser[6].
Ils usent leurs souliers, et conservent leur Âne.
Nicolas au rebours ; car quand il va voir Jeanne
75   Il monte sur sa bête, et la chanson le dit.
Beau trio de Baudets ! » Le Meunier repartit :
« Je suis Âne, il est vrai, j'en conviens, je l'avoue ;
Mais que dorénavant on me blâme, on me loue ;
Qu'on dise quelque chose, ou qu'on ne dise rien ;
80   J'en veux faire à ma tête. » Il le fit, et fit bien.

---

1. **Clocher :** marcher en boitant.
2. **Quolibets :** moqueries.
3. **Gloser :** faire des commentaires.
4. **Parbieu :** déformation du juron « parbleu », lui-même déformé de « par Dieu ».
5. **Quidam :** homme inconnu et quelconque.
6. **Enchâsser :** recueillir dans une « châsse », lieu où l'on place des reliques.

Quant à vous, suivez Mars[1], ou l'Amour, ou le Prince ;
Allez, venez, courez, demeurez en Province ;
Prenez Femme, Abbaye, Emploi, Gouvernement :
Les Gens en parleront, n'en doutez nullement.

Le Meunier, son Fils et l'Âne, gravure d'Étienne Fessard
d'après Charles Monnet, édition de 1765.

---

1. **Mars** : dieu romain de la guerre.

3. Le Loup devenu Berger

Un Loup qui commençait d'avoir petite part
        Aux[1] Brebis de son voisinage,
Crut qu'il fallait s'aider de la peau du Renard
        Et faire un nouveau personnage.
5 Il s'habille en Berger, endosse un Hoqueton[2],
        Fait sa Houlette[3] d'un bâton,
        Sans oublier la Cornemuse[4].
        Pour pousser jusqu'au bout la ruse,
Il aurait volontiers écrit sur son chapeau :
10 « C'est moi qui suis Guillot, berger de ce troupeau. »
        Sa personne étant ainsi faite
Et ses pieds de devant posés sur sa Houlette,
Guillot le sycophante[5] approche doucement.
Guillot le vrai Guillot, étendu sur l'herbette,
15   Dormait alors profondément.
Son Chien dormait aussi, comme aussi sa Musette[6].
La plupart des Brebis dormaient pareillement.
        L'Hypocrite les laissa faire,
Et pour pouvoir mener vers son fort[7] les Brebis,
20 Il voulut ajouter la parole aux habits ;
        Chose qu'il croyait nécessaire.
        Mais cela gâta son affaire,
Il ne put du Pasteur contrefaire la voix.
Le ton dont il parla fit retentir les Bois,
25   Et découvrit tout le mystère.
        Chacun se réveille à ce son,
        Les Brebis, le Chien, le Garçon.

---

1. **Avoir petite part aux :** tirer faiblement partie des.
2. **Hoqueton :** habit de paysan sans manche.
3. **Houlette :** bâton traditionnel du berger.
4. **Cornemuse :** instrument de musique utilisé autrefois par les bergers.
5. **Sycophante :** trompeur (note de La Fontaine).
6. **Musette :** autre nom de la cornemuse.
7. **Fort :** repaire.

Le pauvre Loup, dans cet esclandre,
Empêché par son Hoqueton,
30 Ne put ni fuir ni se défendre.
Toujours par quelque endroit Fourbes se laissent prendre :
Quiconque est Loup agisse en Loup ;
C'est le plus certain de beaucoup.

4. Les Grenouilles qui demandent un Roi

Les Grenouilles, se lassant
De l'état démocratique,
Par leurs clameurs firent tant
Que Jupin[1] les soumit au pouvoir monarchique.
5 Il leur tomba du Ciel un Roi tout pacifique :
Ce Roi fit toutefois un tel bruit en tombant
Que la Gent[2] marécageuse,
Gent fort sotte et fort peureuse,
S'alla cacher sous les eaux,
10 Dans les joncs, dans les roseaux,
Dans les trous du Marécage,
Sans oser de longtemps regarder au visage
Celui qu'elles croyaient être un géant nouveau :
Or c'était un soliveau[3],
15 De qui la gravité fit peur à la première
Qui de le voir s'aventurant[4]
Osa bien quitter sa tanière.
Elle approcha, mais en tremblant :
Une autre la suivit, une autre en fit autant,
20 Il en vint une fourmilière ;
Et leur troupe à la fin se rendit familière,
Jusqu'à sauter sur l'épaule du Roi.

---

1. **Jupin :** diminutif familier de Jupiter, le dieu des dieux.
2. **Gent :** nation, race.
3. **Soliveau :** ou solive, sorte de petite poutre en bois.
4. **De le voir s'aventurant :** s'était aventuré à le voir.

Le bon Sire le souffre[1], et se tient toujours coi[2].
Jupin en a bientôt la cervelle rompue :
25 « Donnez-nous, dit ce peuple, un Roi qui se remue. »
Le Monarque des Dieux leur envoie une Grue,
        Qui les croque, qui les tue,
        Qui les gobe à son plaisir,
        Et Grenouilles de se plaindre ;
30 Et Jupin de leur dire : « Eh quoi ! votre désir
        À ses lois croit-il nous astreindre ?
        Vous avez dû[3] premièrement
        Garder votre Gouvernement ;
Mais, ne l'ayant pas fait, il vous devait suffire[4]
35 Que votre premier Roi fût débonnaire[5] et doux :
        De celui-ci contentez-vous,
        De peur d'en rencontrer un pire. »

---

1. **Le souffre :** l'accepte.
2. **Se tient... coi :** ne dit rien.
3. **Vous avez dû :** vous auriez dû.
4. **Il vous devait suffire :** il aurait dû vous suffire.
5. **Débonnaire :** aimable.

Les Grenouilles qui demandent un Roi, gravure de Gustave Doré, XIXᵉ siècle.

5. Le Renard et le Bouc

Capitaine Renard allait de compagnie
Avec son ami Bouc des plus haut encornés[1].
Celui-ci ne voyait pas plus loin que son nez ;
L'autre était passé maître en fait de tromperie.
5   La soif les obligea de descendre en un puits.
        Là chacun d'eux se désaltère.
Après qu'abondamment tous deux en[2] eurent pris,
Le Renard dit au Bouc : « Que ferons-nous, Compère ?
Ce n'est pas tout de boire ; il faut sortir d'ici.
10 Lève tes pieds en haut, et tes cornes aussi :
Mets-les contre le mur : le long de ton échine
        Je grimperai premièrement ;
        Puis sur tes cornes m'élevant,
        À l'aide de cette machine[3]
15   De ce lieu-ci je sortirai,
        Après quoi je t'en tirerai.
– Par ma barbe, dit l'autre, il est bon[4] ; et je loue
        Les gens bien sensés comme toi.
        Je n'aurais jamais, quant à moi,
20   Trouvé ce secret, je l'avoue. »
Le Renard sort du puits, laisse son Compagnon,
        Et vous lui fait un beau sermon
        Pour l'exhorter à patience.
« Si le Ciel t'eût, dit-il, donné par excellence[5]
25 Autant de jugement que de barbe au menton,
        Tu n'aurais pas, à la légère,
Descendu dans ce puits. Or, adieu, j'en suis hors[6] ;

---

1. **Encornés :** dotés de cornes.
2. **En :** de l'eau.
3. **Cette machine :** ce moyen (l'échelle improvisée).
4. **Il est bon :** bonne idée.
5. **Par excellence :** comme une distinction particulière.
6. **Hors :** sorti.

Tâche de t'en tirer, et fais tous tes efforts :
                    Car, pour moi, j'ai certaine affaire
30 Qui ne me permet pas d'arrêter en chemin. »
En toute chose il faut considérer la fin.

9. Le Loup et la Cigogne

                    Les Loups mangent gloutonnement.
                    Un Loup donc étant de frairie[1],
                    Se pressa, dit-on, tellement
                    Qu'il en pensa perdre la vie.
5   Un os lui demeura bien avant au gosier.
De bonheur[2] pour ce Loup, qui ne pouvait crier,
                    Près de là passe une Cigogne ;
                        Il lui fait signe, elle accourt.
Voilà l'Opératrice aussitôt en besogne.
10 Elle retira l'os ; puis pour un si bon tour
                    Elle demanda son salaire.
                    « Votre salaire ? dit le Loup :
                    Vous riez, ma bonne Commère.
                    Quoi ! ce n'est pas encor beaucoup
15 D'avoir de mon gosier retiré votre cou ?
                    Allez, vous êtes une ingrate ;
                    Ne tombez jamais sous ma patte. »

---

1. **De frairie :** de banquet (entre personnes de la même confrérie).
2. **De bonheur :** par bonheur.

11. Le Renard et les Raisins

Certain Renard gascon, d'autres disent normand,
Mourant presque de faim, vit au haut d'une treille
      Des Raisins mûrs apparemment...
      Et couverts d'une peau vermeille.
5 Le Galant[1] en eût fait volontiers un repas ;
      Mais comme il n'y pouvait atteindre :
« Ils sont trop verts, dit-il, et bons pour des Goujats[2]. »
      Fit-il[3] pas mieux que de se plaindre ?

14. Le Lion devenu vieux

      Le Lion, terreur des forêts,
Chargé d'ans, et pleurant son antique prouesse[4],
Fut enfin attaqué par ses propres sujets
      Devenus forts par sa faiblesse.
5 Le Cheval s'approchant lui donne un coup de pied,
Le Loup un coup de dent, le Bœuf un coup de corne.
Le malheureux Lion languissant, triste, et morne,
Peut à peine rugir, par l'âge estropié[5].
Il attend son Destin, sans faire aucunes[6] plaintes
10 Quand voyant l'Âne même à son antre accourir :
« Ah ! c'est trop, lui dit-il : je voulais bien mourir ;
Mais c'est mourir deux fois que souffrir tes atteintes. »

---

1. **Le Galant :** le rusé.
2. **Goujats :** valets de soldats à qui on prêtait des goûts grossiers.
3. **Fit-il :** ne fit-il.
4. **Prouesse :** vaillance, bravoure.
5. **Estropié :** diminué, infirme.
6. **Aucunes :** on pouvait dans ce cas écrire le pronom indéfini au pluriel.

17. La Belette entrée dans un grenier

Damoiselle Belette, au corps long et flouët[1],
Entra dans un Grenier par un trou fort étret[2] :
       Elle sortait de maladie.
       Là, vivant à discrétion[3],
5   La Galante[4] fit chère lie[5],
       Mangea, rongea ; Dieu sait la vie[6],
Et le lard qui périt en cette occasion.
       La voilà pour conclusion
       Grasse, maflue[7], et rebondie.
10 Au bout de la semaine, ayant dîné son soû[8],
Elle entend quelque bruit, veut sortir par le trou,
Ne peut plus repasser, et croit s'être méprise.
       Après avoir fait quelques tours,
« C'est, dit-elle, l'endroit, me voilà bien surprise ;
15 J'ai passé par ici depuis[9] cinq ou six jours. »
       Un Rat qui la voyait en peine
Lui dit : « Vous aviez lors la panse un peu moins pleine :
Vous êtes maigre entrée, il faut maigre sortir.
Ce que je vous dis là, l'on le dit à bien d'autres.
20 Mais ne confondons point, par trop approfondir[10],
       Leurs affaires avec les vôtres. »

---

1. **Flouët** : fluet.
2. **Étret** : étroit, ancienne orthographe qui permet la rime avec l'adjectif du vers précédent.
3. **À discrétion** : tout à son aise sans rien payer.
4. **La Galante** : féminin de *galant*, au sens de rusé.
5. **Fit chère lie** : fit bonne chère, mangea abondamment.
6. **La vie** : la bonne vie.
7. **Maflue** : joufflue, grossie.
8. **Son soû** : son saoul, à satiété.
9. **Depuis** : il y a.
10. **Par trop approfondir** : en cherchant à trop approfondir.

18. Le Chat et un vieux Rat

J'ai lu chez un conteur de Fables,
Qu'un second Rodilard[1], l'Alexandre[2] des Chats,
L'Attila[3], le fléau des Rats,
Rendait ces derniers misérables[4].
5   J'ai lu, dis-je, en certain Auteur,
Que ce Chat exterminateur,
Vrai Cerbère[5], était craint une lieue à la ronde :
Il voulait de Souris dépeupler tout le monde.
Les planches qu'on suspend sur un léger appui,
10   La mort aux Rats, les Souricières,
N'étaient que jeux au prix de[6] lui.
Comme il voit que dans leurs tanières[7]
Les Souris étaient prisonnières,
Qu'elles n'osaient sortir, qu'il avait beau chercher,
15 Le Galant[8] fait le mort, et du haut d'un plancher[9]
Se pend la tête en bas. La Bête scélérate
À de certains cordons se tenait par la patte.
Le peuple des Souris croit que c'est châtiment,
Qu'il a fait un larcin de rôt[10] ou de fromage,
20 Égratigné quelqu'un, causé quelque dommage,
Enfin qu'on a pendu le mauvais Garnement.
Toutes, dis-je, unanimement
Se promettent de rire à son enterrement,
Mettent le nez à l'air, montrent un peu la tête ;

---

1. **Rodilard :** nom emprunté à Rabelais qui utilisait la forme latine « Rodilardus » (*Quart livre*, ch. 47).
2. **Alexandre :** dit « le Grand », célèbre général de Macédoine au IVe siècle av. J.-C.
3. **Attila :** chef militaire des Huns, surnommé « le fléau de Dieu ».
4. **Misérables :** dignes d'être plaints, malheureux.
5. **Cerbère :** chien à trois têtes de la mythologie grecque qui gardait les enfers.
6. **Au prix de :** en comparaison de.
7. **Tanières :** habitations des souris, mot employé de façon générale.
8. **Le Galant :** le rusé.
9. **Plancher :** celui de l'étage supérieur.
10. **Rôt :** rôti.

25   Puis rentrent dans leurs nids à rats ;
          Puis, ressortant, font quatre pas ;
          Puis enfin se mettent en quête[1] :
          Mais voici bien une autre fête.
Le pendu ressuscite ; et sur ses pieds tombant

30   Attrape les plus paresseuses.
« Nous en savons plus d'un[2], dit-il en les gobant[3] :
C'est tour de vieille guerre ; et vos cavernes creuses
Ne vous sauveront pas ; je vous en avertis ;
          Vous viendrez toutes au logis. »

35 Il prophétisait vrai : notre maître Mitis[4]
Pour la seconde fois les trompe et les affine[5],
          Blanchit sa robe, et s'enfarine,
          Et de la sorte déguisé,
Se niche et se blottit dans une huche[6] ouverte.

40   Ce fut à lui bien avisé :
La Gent trotte-menu[7] s'en vient chercher sa perte.
Un Rat sans plus s'abstient d'aller flairer autour.
C'était un vieux routier[8] ; il savait plus d'un tour ;
Même il avait perdu sa queue à la bataille.

45 « Ce bloc enfariné ne me dit rien qui vaille,
S'écria-t-il de loin au Général des Chats :
Je soupçonne dessous encor quelque machine[9].
          Rien ne te sert d'être farine ;
Car quand tu serais sac, je n'approcherais pas. »

50 C'était bien dit à lui ; j'approuve sa prudence.
          Il était expérimenté,
          Et savait que la méfiance
          Est mère de la sûreté.

---

1. **En quête :** en quête de nourriture.
2. **Plus d'un :** sous entendu « plus d'un tour ».
3. **Gobant :** avalant.
4. **Mitis :** nom créé à partir de l'adjectif latin *mitis*, doux.
5. **Affine :** trompe avec finesse.
6. **Huche :** meuble bas où l'on conservait le pain.
7. **La Gent trotte-menu :** les souris.
8. **Routier :** expérimenté, qui a parcouru beaucoup de route.
9. **Machine :** ruse, machination.

Clefs d'analyse

Action et personnages

1. Discernez les trois épisodes qui composent la fable 3.

2. Qu'est-ce qui montre la naïveté du Bouc dans la fable 5 ?

3. Dans les fables 5 et 9, deux animaux sont utilisés en tant qu'instruments. Quels sont-ils et comment sont-ils utilisés ?

4. Que révèlent les répliques finales du Loup dans la fable 9 ? Qui est visé dans ce propos ?

5. La Belette engraissée de la fable 17 ne peut-elle pas faire penser symboliquement à d'autres personnages importants ?

6. De quelle qualité le « vieux routier » de la fable 18 fait-il preuve ?

Langue

7. Au vers 22 de la fable 5, dans l'expression « Et vous lui fait un beau sermon », à quoi sert le pronom « vous » ?

8. Que pensez-vous de la rime des deux premiers vers de la fable 17 ? Cherchez un exemple comparable dans la fable 6 du Livre quatrième.

9. « Le pendu ressuscite » (fable 18, vers 29). Les deux mots vous paraissent-ils bien choisis ?

Genre ou thèmes

10. Que nous apprend la fable 1 sur l'art de la fable ?

11. Que nous révèle la fable 4 sur les opinions politiques de La Fontaine ?

12. La fable 9 ne comporte pas de moralité. Comment expliquez-vous cette absence ?

13. Trouvez dans le Livre deuxième une fable qui traite d'un sujet proche de celui de la fable 9.

14. Que veut montrer La Fontaine par la réserve exprimée dans les deux derniers vers de la fable 17 ?

Écriture

15. « Quiconque est Loup agisse en Loup » (fable 3). Imaginez une fable comparable dont la moralité serait « Quiconque est Renard agisse en Renard ».

16. Trouvez une moralité dans le style de La Fontaine pour la fable 4.

17. La fable 11 est une des plus courtes du recueil. Imaginez une ou deux péripéties permettant de l'étoffer.

18. Vous écrivez à un(e) ami(e) pour lui expliquer votre préférence pour l'une des fables du Livre troisième.

Pour aller plus loin

19. Cherchez dans une histoire de la littérature qui étaient Racan et Malherbe cités dans la fable 1.

20. Cette même fable 1 est dédiée à M. de Maucroix, un ami de La Fontaine désigné par les initiales M. D. M. Cherchez des informations sur ce personnage.

21. Les fables 4 et 14 évoquent des questions politiques : établissez la différence entre démocratie, monarchie et despotisme. Sous quel régime vit la France de Louis XIV ? Retrouvez les grandes étapes du règne de ce roi.

✳ À retenir

Parmi les personnages qui apparaissent dans les fables, la majorité est constituée par des animaux. Mais derrière ces bêtes, il faut évidemment reconnaître les hommes que La Fontaine peint ainsi de manière indirecte. Cette façon de procéder permet de cacher les attaques sous une forme amusante et légère ; on parlera ainsi d'une œuvre satirique, la satire s'appliquant ici à des questions sociales, morales ou politiques.

Livre quatrième

4. Le Jardinier et son Seigneur

       Un amateur du jardinage,
       Demi-Bourgeois, demi-Manant[1],
       Possédait en certain Village
Un jardin assez propre[2], et le clos attenant.
5 Il avait de plant vif[3] fermé cette étendue.
Là croissait à plaisir l'oseille et la laitue,
De quoi faire à Margot[4] pour sa fête un bouquet ;
Peu de Jasmin d'Espagne, et force serpolet[5].
Cette félicité par un Lièvre troublée
10 Fit qu'au Seigneur du Bourg notre homme se plaignit.
« Ce maudit Animal vient prendre sa goulée[6]
Soir et matin, dit-il, et des pièges se rit.
Les pierres, les bâtons y perdent leur crédit[7].
Il est sorcier, je crois. – Sorcier, je l'en défie,
15 Repartit le Seigneur. Fût-il diable, Miraut[8]
En dépit de ses tours l'attrapera bientôt.
Je vous en déferai, bon homme, sur ma vie.
– Et quand ? – Et dès demain, sans tarder plus longtemps. »
La partie[9] ainsi faite, il vient avec ses gens.
20 « Ça, déjeunons, dit-il, vos poulets sont-ils tendres ?
La fille du logis, qu'on vous voie, approchez.

---

1. **Manant :** qui habite la campagne (par opposition au bourgeois qui habite le bourg, c'est-à-dire la ville).
2. **Propre** : bien tenu.
3. **Plant vif :** haie vive.
4. **Margot :** diminutif de Marguerite en usage à la campagne.
5. **Force serpolet :** beaucoup de serpolet, plante odorante qui ressemble au thym.
6. **Goulée :** nourriture (d'après « gueule »).
7. **Crédit :** efficacité.
8. **Miraut :** nom traditionnel de chien.
9. **Partie :** pacte.

Quand la marierons-nous ? quand aurons-nous des gendres ?
Bon homme, c'est ce coup qu'il faut, vous m'entendez,
  Qu'il faut fouiller à l'escarcelle[1]. »
25 Disant ces mots, il fait connaissance avec elle ;
  Auprès de lui la fait asseoir,
Prend une main, un bras, lève un coin du mouchoir[2],
  Toutes sottises dont la Belle
  Se défend avec grand respect ;
30 Tant qu'au Père à la fin cela devient suspect.
Cependant on fricasse, on se rue[3] en cuisine.
« De quand sont vos jambons ? Ils ont fort bonne mine.
– Monsieur, ils sont à vous. – Vraiment, dit le Seigneur,
  Je les reçois, et de bon cœur. »
35 Il déjeune très bien, aussi fait sa famille[4],
Chiens, chevaux, et valets, tous gens bien endentés :
Il commande chez l'Hôte, y prend des libertés,
  Boit son vin, caresse sa fille.
L'embarras des Chasseurs[5] succède au déjeuné.
40 Chacun s'anime et se prépare :
Les trompes et les cors font un tel tintamarre
  Que le bon homme est étonné[6].
Le pis fut que l'on mit en piteux équipage
Le pauvre potager : adieu planches, carreaux[7] ;
45 Adieu chicorée et porreaux[8] ;
  Adieu de quoi mettre au potage.
Le Lièvre était gîté[9] dessous un maître[10] chou :
On le quête ; on le lance ; il s'enfuit par un trou,

---

1. **Escarcelle :** bourse. *Fouiller à l'escarcelle :* dépenser de l'argent.
2. **Mouchoir :** pièce d'étoffe légère qui couvrait le décolleté.
3. **On se rue :** on se précipite.
4. **Aussi fait sa famille :** son entourage fait de même.
5. **Des Chasseurs :** provoqué par les chasseurs.
6. **Étonné :** stupéfait (sens fort).
7. **Carreaux :** ou *carrés*, les sections quadrangulaires du jardin.
8. **Porreaux :** poireaux.
9. **Gîté :** réfugié.
10. **Maître :** important.

Non pas trou, mais trouée, horrible et large plaie
50   Que l'on fit à la pauvre haie
Par ordre du Seigneur : car il eût été mal
Qu'on n'eût pu du jardin sortir tout à cheval.
Le bon homme disait : « Ce sont là jeux de Prince. »
Mais on le laissait dire ; et les chiens et les Gens
55 Firent plus de dégât en une heure de temps
        Que n'en auraient fait en cent ans
        Tous les Lièvres de la Province.

        Petits Princes, videz[1] vos débats entre vous :
De recourir aux Rois vous seriez de grands fous.
60 Il ne les faut jamais engager dans vos guerres,
        Ni les faire entrer sur vos terres.

6. Le combat des Rats et des Belettes

        La nation des Belettes,
        Non plus que celle des Chats,
        Ne veut aucun bien aux Rats :
        Et sans les portes étrètes[2]
5   De leurs habitations,
        L'animal à longue échine
        En ferait, je m'imagine,
        De grandes destructions.
        Or une certaine année
10   Qu'il en était à foison,
        Leur Roi nommé Ratapon
        Mit en campagne une armée.
        Les Belettes de leur part
        Déployèrent l'étendard.
15   Si l'on croit la Renommée,
        La Victoire balança[3] :

---

1. **Videz :** réglez.
2. **Étrètes :** étroites (conformément à la prononciation de l'époque).
3. **Balança :** Hésita.

Plus d'un Guéret[1] s'engraissa
Du sang de plus d'une bande.
Mais la perte la plus grande
20 Tomba presque en tous endroits
Sur le peuple souriquois[2].
Sa déroute fut entière,
Quoi que pût faire Artapax,
Psicarpax, Méridarpax[3],
25 Qui, tout couverts de poussière,
Soutinrent assez longtemps
Les efforts des combattants.
Leur résistance fut vaine :
Il fallut céder au sort :
30 Chacun s'enfuit au plus fort[4],
Tant Soldat que Capitaine.
Les Princes périrent tous.
La racaille, dans des trous
Trouvant sa retraite prête,
35 Se sauva sans grand travail.
Mais les Seigneurs sur leur tête
Ayant chacun un plumail[5],
Des cornes ou des aigrettes,
Soit comme marques d'honneur,
40 Soit afin que les Belettes
En conçussent plus de peur :
Cela causa leur malheur.
Trou, ni fente, ni crevasse,
Ne fut large assez pour eux :
45 Au lieu que la populace
Entrait dans les moindres creux.

---

1. **Guéret :** terrain non cultivé.
2. **Peuple souriquois :** néologisme pour désigner le peuple des souris.
3. **Artapax, Psicarpax, Méridarpax :** noms tirés du grec et empruntés par
   La Fontaine à des épopées burlesques ; on peut les traduire respectivement
   par « voleur de pain, de miettes, de morceaux ».
4. **Au plus fort :** au plus vite.
5. **Plumail :** toupet de plumes.

La principale jonchée[1]
Fut donc des principaux Rats.
Une tête empanachée
50 N'est pas petit embarras.
Le trop superbe équipage[2]
Peut souvent en un passage[3]
Causer du retardement.
Les petits en toute affaire
55 Esquivent fort aisément ;
Les grands ne le peuvent faire.

9. Le Geai paré des plumes du Paon

Un Paon muait[4] ; un Geai prit son plumage ;
Puis après se l'accommoda[5] ;
Puis parmi d'autres Paons tout fier se panada[6],
Croyant être un beau personnage.
5 Quelqu'un le reconnut : il se vit bafoué,
Berné[7], sifflé, moqué, joué,
Et par Messieurs les Paons plumé d'étrange sorte ;
Même vers ses pareils s'étant réfugié,
Il fut par eux mis à la porte.
10 Il est assez de Geais à deux pieds comme lui,
Qui se parent souvent des dépouilles d'autrui,
Et que l'on nomme Plagiaires[8].
Je m'en tais, et ne veux leur causer nul ennui ;
Ce ne sont pas là mes affaires.

---

1. **Jonchée :** herbes couvrant le sol.
2. **Équipage :** équipement (utilisé pour le voyage).
3. **En un passage :** dans un lieu étroit.
4. **Muait :** changeait ses plumes.
5. **Se l'accommoda :** se l'ajusta.
6. **Se panada :** se pavana.
7. **Berné :** trompé.
8. **Plagiaires :** auteurs qui se livrent au *plagiat* en copiant les œuvres de leurs confrères.

11. La Grenouille et le Rat

Tel, comme dit Merlin[1], cuide engeigner autrui,
    Qui souvent s'engeigne soi-même[2].
J'ai regret que ce mot soit trop vieux aujourd'hui :
Il m'a toujours semblé d'une énergie extrême.
5 Mais afin d'en venir au dessein que j'ai pris,
Un rat plein d'embonpoint, gras, et des mieux nourris,
Et qui ne connaissait l'Avent ni le Carême[3],
Sur le bord d'un Marais égayait ses esprits.
Une Grenouille approche, et lui dit en sa langue :
10 « Venez me voir chez moi, je vous ferai festin. »
        Messire Rat promit soudain :
Il n'était pas besoin de plus longue harangue[4].
Elle allégua[5] pourtant les délices du bain,
La curiosité, le plaisir du voyage,
15 Cent raretés à voir le long du Marécage :
Un jour il conterait à ses petits-enfants
Les beautés de ces lieux, les mœurs des Habitants,
Et le gouvernement de la chose publique
        Aquatique.
20 Un point sans plus tenait le galant[6] empêché.
Il nageait quelque peu ; mais il fallait de l'aide.
La Grenouille à cela trouve un très bon remède :
Le Rat fut à son pied par la patte attaché ;
        Un brin de jonc en fit l'affaire.
25 Dans le Marais entrés[7], notre bonne Commère
S'efforce de tirer son Hôte au fond de l'eau,
Contre le droit des Gens[8], contre la foi jurée ;

---

1. **Merlin** : l'enchanteur des légendes arthuriennes.
2. **Tel... soi-même :** proverbe ancien signifiant « tel est pris qui croyait prendre ».
3. **L'Avent et le Carême :** fêtes chrétiennes marquées par le jeûne.
4. **Harangue :** discours.
5. **Allégua :** prit comme prétexte.
6. **Galant :** rusé.
7. **Entrés :** une fois qu'ils furent entrés dans le marais.
8. **Le droit des gens :** les conventions internationales.

Prétend qu'elle en fera gorge-chaude et curée[1] ;
(C'était, à son avis, un excellent morceau.)
30 Déjà dans son esprit la Galante[2] le croque.
Il atteste[3] les Dieux ; la Perfide s'en moque.
Il résiste ; elle tire. En ce combat nouveau,
Un Milan[4] qui dans l'air planait, faisait la ronde,
Voit d'en haut le pauvret se débattant sur l'onde :
35 Il fond dessus, l'enlève, et, par même moyen,
La Grenouille et le lien.
Tout en fut ; tant et si bien
Que de cette double proie
L'Oiseau se donne au cœur joie[5],
40 Ayant de cette façon
À souper chair et poisson.

La ruse la mieux ourdie[6]
Peut nuire à son inventeur ;
Et souvent la Perfidie
45 Retourne sur son auteur.

14. Le Renard et le Buste

Les Grands, pour la plupart, sont masques de Théâtre ;
Leur apparence impose[7] au Vulgaire idolâtre[8].
L'Âne n'en sait juger que par ce qu'il en voit.
Le Renard au contraire à fond les examine,
5 Les tourne de tout sens ; et quand il s'aperçoit
Que leur fait[9] n'est que bonne mine,
Il leur applique un mot qu'un Buste de Héros

---

1. **Fera gorge-chaude et curée :** se régalera de ce repas (termes de chasse).
2. **Galante :** rusée.
3. **Atteste :** prend à témoin.
4. **Milan :** oiseau de proie (qui vole en cercles, d'où la « ronde »).
5. **Au cœur joie :** à cœur joie.
6. **Ourdie :** préparée.
7. **Impose :** en impose, trompe.
8. **Vulgaire idolâtre :** la foule (le vulgaire) qui vénère n'importe quoi.
9. **Leur fait :** leur réalité.

Lui fit dire fort à propos.
C'était un Buste creux, et plus grand que nature.
10   Le Renard, en louant l'effort de la Sculpture :
« Belle tête, dit-il, mais de cervelle point. »
Combien de grands Seigneurs sont Bustes en ce point ?

Le Renard et le Buste, gravure de Pieter Franciscus Martenasie
d'après Jean-Baptiste Oudry, XVIIIe siècle.

L'Avare qui a perdu son Trésor, gravure de Gustave Doré,
XIXᵉ siècle.

20. L'Avare qui a perdu son Trésor

L'usage seulement fait la possession[1].
Je demande à ces gens de qui la passion
Est d'entasser toujours, mettre somme sur somme,
Quel avantage ils ont que n'ait pas un autre homme.
5   Diogène[2] là-bas est aussi riche qu'eux,
Et l'Avare ici-haut comme lui vit en gueux.
L'homme au Trésor caché qu'Ésope nous propose,
           Servira d'exemple à la chose.
           Ce Malheureux attendait
10 Pour jouir de son bien une seconde vie ;
Ne possédait pas l'or ; mais l'or le possédait.
Il avait dans la terre une Somme enfouie,
Son cœur avec ; n'ayant autre déduit[3]
           Que d'y ruminer jour et nuit,
15 Et rendre sa Chevance[4] à lui-même sacrée.
Qu'il allât ou qu'il vînt, qu'il bût ou qu'il mangeât,
On l'eût pris de bien court[5], à moins qu'il ne songeât
À l'endroit où gisait cette somme enterrée.
Il y fit tant de tours qu'un Fossoyeur[6] le vit,
20 Se douta du dépôt, l'enleva sans rien dire.
Notre Avare un beau jour ne trouva que le nid.
Voilà mon homme aux pleurs[7] ; il gémit, il soupire,
           Il se tourmente, il se déchire.
Un Passant lui demande à quel sujet ses cris.
25   « C'est mon Trésor que l'on m'a pris.

---

1. **L'usage... possession :** c'est en se servant des choses qu'on vérifie qu'on les possède.
2. **Diogène :** philosophe grec de l'école cynique qui méprisait les richesses et vivait dans un tonneau.
3. **Déduit :** plaisir.
4. **Chevance :** mot ancien pour dire « les biens ».
5. **On l'eût pris de bien court :** il était impossible de le surprendre affairé à autre chose que son trésor.
6. **Fossoyeur :** tout homme chargé de creuser la terre (et pas seulement dans les cimetières).
7. **Aux pleurs :** en pleurs.

– Votre Trésor ? où pris ? – Tout joignant[1] cette pierre.
          – Eh sommes-nous en temps de guerre
Pour l'apporter si loin ? N'eussiez-vous pas mieux fait
De le laisser chez vous en votre cabinet[2],
30   Que de le changer de demeure ?
Vous auriez pu sans peine y puiser à toute heure.
– À toute heure ? bons Dieux ! Ne tient-il qu'à cela ?[3]
          L'Argent vient-il comme il s'en va ?
Je n'y touchais jamais. – Dites-moi donc, de grâce,
35 Reprit l'autre, pourquoi vous vous affligez tant :
Puisque vous ne touchiez jamais à cet Argent,
          Mettez une pierre à la place,
          Elle vous vaudra tout autant. »

21. L'Œil du Maître

Un Cerf s'étant sauvé[4] dans une étable à Bœufs
          Fut d'abord[5] averti par eux
          Qu'il cherchât[6] un meilleur asile.
« Mes frères, leur dit-il, ne me décelez pas :
5 Je vous enseignerai les pâtis[7] les plus gras ;
Ce service vous peut quelque jour être utile ;
          Et vous n'en aurez point regret. »
Les Bœufs à toutes fins promirent le secret.
Il se cache en un coin, respire, et prend courage.
10 Sur le soir on apporte herbe fraîche et fourrage,
          Comme l'on faisait tous les jours.
          L'on va, l'on vient, les Valets font cent tours ;

---

1. **Tout joignant :** juste à côté de.
2. **Cabinet :** petite pièce où l'on étudie, mais aussi meuble où l'on range des biens précieux.
3. **Ne tient-il qu'à cela ? :** s'agit-il de cela ?
4. **Sauvé :** réfugié.
5. **D'abord :** immédiatement.
6. **Qu'il cherchât :** qu'il ferait mieux de chercher.
7. **Pâtis :** pâturages.

L'Intendant même, et pas un d'aventure[1]
N'aperçut ni cors, ni ramure,
15 Ni Cerf enfin. L'habitant des Forêts
Rend déjà grâce aux Bœufs, attend dans cette étable
Que chacun retournant au travail de Cérès[2],
Il trouve pour sortir un moment favorable.
L'un des Bœufs ruminant lui dit : « Cela va bien ;
20 Mais quoi ! l'homme aux cent yeux[3] n'a pas fait sa revue :
Je crains fort pour toi sa venue.
Jusque-là, pauvre Cerf, ne te vante de rien. »
Là-dessus le Maître entre et vient faire sa ronde.
« Qu'est-ce-ci ? dit-il à son monde,
25 Je trouve bien peu d'herbe en tous ces râteliers.
Cette litière est vieille ; allez vite aux greniers.
Je veux voir désormais vos Bêtes mieux soignées.
Que coûte-t-il d'ôter toutes ces Araignées ?
Ne saurait-on ranger ces jougs et ces colliers ? »
30 En regardant à tout, il voit une autre tête
Que celles qu'il voyait d'ordinaire en ce lieu.
Le Cerf est reconnu ; chacun prend un épieu[4] ;
Chacun donne un coup à la Bête.
Ses larmes ne sauraient la sauver du trépas.
35 On l'emporte, on la sale, on en fait maint[5] repas,
Dont maint voisin s'éjouit[6] d'être.
Phèdre sur ce sujet dit fort élégamment :
« Il n'est, pour voir, que l'œil du Maître. »
Quant à moi, j'y mettrais encor l'œil de l'amant.

---

1. **D'aventure :** à l'occasion.
2. **Cérès :** déesse des Moissons. « Le travail de Cérès » désigne les travaux agricoles.
3. **L'homme au cent yeux :** le propriétaire de la ferme, comparé ici au mythologique Argus, doté de cent yeux.
4. **Épieu :** bâton pointu utilisé pour la chasse.
5. **Maint :** plusieurs.
6. **S'éjouit :** se réjouit.

Clefs d'analyse

Action et personnages

1. La fable 4 constitue une véritable petite comédie. Quelles en sont les étapes ?

2. Dans les cinq premiers vers de la fable 9, les deux animaux sont évoqués tour à tour. Caractérisez leur présentation.

3. À propos de la fable 11, récapitulez avec précision les informations précisant le décor, les personnages, le sujet de l'intrigue.

4. Établissez le plan de la fable 21.

5. Pourquoi « l'Œil du Maître » (fable 21) voit-il mieux que les autres ?

Langue

6. D'où vient le comique du vers 36 de la fable 4 ?

7. Relevez et commentez les noms propres utilisés dans la fable 6. Quels effets ces termes doivent-ils produire ?

8. Dans la fable 9, comment s'appelle la figure de style utilisée aux vers 5 et 6 ?

9. Pour *La Grenouille et le Rat* (fable 11), La Fontaine s'est inspiré d'une fable d'Ésope intitulée *Le Rat et la Grenouille*. Voyez-vous une raison au changement de titre ?

10. Relevez dans la même fable 11 le champ lexical de l'imposture.

11. Toujours dans la fable 11, comment se nomme l'effet de versification utilisé aux vers 18 et 19 ?

Genre ou thèmes

12. La moralité de la fable 9 évoque les « Plagiaires ». La Fontaine peut-il être considéré comme un plagiaire ?

13. Retrouvez, au Livre premier, une fable dont la moralité est proche de celle de la fable 11.

14. La fable 14 traite de la force de l'apparence. Trouvez une autre fable du Livre septième sur le même thème.

Écriture

15. Choisissez une autre formulation pour la moralité de la fable 6.

16. Retrouvez la fable d'Ésope qui sert de modèle à la fable 11 de La Fontaine ; faites une comparaison entre les deux œuvres.

17. Réécrivez la fable 20 en remplaçant les humains par des animaux.

18. Imaginez un conte qui illustre la compétence de « l'Œil du Maître » (fable 21).

Pour aller plus loin

19. Faites une recherche sur les plagiaires en matière littéraire et artistique.

20. Recherchez, dans la comédie de Molière *Le Misanthrope*, l'illustration du thème de l'apparence, traité dans la fable 14.

21. Trouvez des éléments de comparaison entre la fable 20 et la comédie de Molière, *L'Avare*.

✳ À retenir

La Fontaine ne se pose pas, dans ses fables, en inventeur mais en imitateur. Ses deux sources d'inspiration principales, clairement reconnues par lui, sont Ésope et Phèdre. Pour lui, le poète est condamné à imiter les Anciens, mais ne doit pas se limiter à être un plagiaire. Comme le dit la fable 9 et comme le précise la formule : « Mon imitation n'est pas un esclavage » *(Épitre à Huet)*. Ainsi, la Fontaine revendique son droit à la liberté (« Souvent à marcher seul j'ose me hasarder ») et surtout à l'originalité que l'on perçoit dans le traitement des sujets, le ton, la versification et même la leçon morale.

Livre cinquième

2. Le Pot de terre et le Pot de fer

Le Pot de fer proposa
Au Pot de terre un voyage.
Celui-ci s'en excusa,
Disant qu'il ferait que sage[1]
De garder le coin du feu ;
Car il lui fallait si peu,
Si peu, que la moindre chose
De son débris[2] serait cause.
Il n'en reviendrait morceau.
« Pour vous, dit-il, dont la peau
Est plus dure que la mienne,
Je ne vois rien qui vous tienne[3].
– Nous vous mettrons à couvert,
Repartit le Pot de fer.
Si quelque matière dure
Vous menace d'aventure[4],
Entre deux[5] je passerai,
Et du coup vous sauverai. »
Cette offre le persuade.
Pot de fer son camarade
Se met droit à ses côtés.
Mes gens s'en vont à trois pieds[6],
Clopin-clopant comme ils peuvent,
L'un contre l'autre jetés

1. **Ferait que sage :** ferait plus sagement.
2. **Débris :** destruction.
3. **Tienne :** retienne.
4. **D'aventure :** par hasard.
5. **Entre deux :** entre vous deux.
6. **Trois pieds :** ce sont les trois pieds des marmites.

25   Au moindre hoquet[1] qu'ils treuvent[2].
Le Pot de terre en souffre ; il n'eut pas fait cent pas
Que par son Compagnon il fut mis en éclats,
              Sans qu'il eût lieu de se plaindre.
Ne nous associons qu'avecque[3] nos égaux ;
30   Ou bien il nous faudra craindre
              Le destin d'un de ces Pots.

Le Pot de terre et le Pot de fer, gravure de Grandville, xixᵉ siècle.

---

1. **Hoquet :** cahot.
2. **Treuvent :** trouvent.
3. **Avecque :** avec.

3. Le petit Poisson et le Pêcheur

Petit poisson deviendra grand,
Pourvu que Dieu lui prête vie.
Mais le lâcher en attendant,
Je tiens[1] pour moi que c'est folie ;
5 Car de le rattraper il[2] n'est pas trop certain.
Un Carpeau[3] qui n'était encore que Fretin[4]
Fut pris par un Pêcheur au bord d'une rivière.
« Tout fait nombre, dit l'homme en voyant son butin ;
Voilà commencement de chère[5] et de festin ;
10   Mettons-le en notre gibecière. »
Le pauvre Carpillon lui dit en sa manière :
« Que ferez-vous de moi ? je ne saurais fournir
        Au plus qu'une demi-bouchée.
        Laissez-moi Carpe devenir :
15   Je serai par vous repêchée.
Quelque gros Partisan[6] m'achètera bien cher :
        Au lieu qu'il vous en faut chercher
        Peut-être encor cent de ma taille
Pour faire un plat. Quel plat ? croyez-moi ; rien qui vaille.
20 – Rien qui vaille eh bien soit, repartit le Pêcheur ;
Poisson mon bel ami, qui faites le Prêcheur,
Vous irez dans la poêle ; et vous avez beau dire ;
        Dès ce soir on vous fera frire. »

Un tien vaut, ce dit-on, mieux que deux tu l'auras,
25   L'un est sûr, l'autre ne l'est pas.

---

1. **Tiens :** pense.
2. **Il :** cela.
3. **Carpeau :** petite carpe.
4. **Fretin :** friture négligeable.
5. **Chère :** bon repas.
6. **Partisan :** riche financier.

9. Le Laboureur et ses Enfants

Travaillez, prenez de la peine :
C'est le fonds[1] qui manque le moins.
Un riche Laboureur sentant sa mort prochaine
Fit venir ses Enfants, leur parla sans témoins.
5 « Gardez-vous, leur dit-il, de vendre l'héritage
Que nous ont laissé nos parents.
Un trésor est caché dedans.
Je ne sais pas l'endroit ; mais un peu de courage
Vous le fera trouver, vous en viendrez à bout.
10 Remuez votre champ dès qu'on aura fait l'août[2].
Creusez, fouillez, bêchez, ne laissez nulle place
Où la main ne passe et repasse. »
Le Père mort, les Fils vous retournent le champ
Deçà, delà, partout ; si bien qu'au bout de l'an
15 Il en[3] rapporta davantage.
D'argent, point de caché. Mais le Père fut sage
De leur montrer avant sa mort
Que le travail est un trésor.

---

1. **Fonds :** capital, bien.
2. **Fait l'août :** accompli la moisson du mois d'août.
3. **En :** à partir de là.

10. La Montagne qui accouche

Une Montagne en mal d'enfant
Jetait une clameur si haute,
Que chacun au bruit accourant
Crut qu'elle accoucherait, sans faute,
D'une Cité plus grosse que Paris ;
Elle accoucha d'une Souris.

Quand je songe à cette Fable
Dont le récit est menteur[1]
Et le sens est véritable[2],
Je me figure un Auteur
Qui dit : « Je chanterai la guerre
Que firent les Titans[3] au Maître du tonnerre[4]. »
C'est promettre beaucoup ; mais qu'en sort-il souvent ?
Du vent.

---

1. **Menteur :** inventé.
2. **Véritable :** vrai.
3. **Titans :** géants mythologiques à l'origine du monde.
4. **Maître du tonnerre :** Zeus, dieu des dieux qui eut à combattre les Titans.

11. La Fortune et le jeune Enfant

Sur le bord d'un puits très profond,
Dormait étendu de son long
Un Enfant alors dans ses classes.
Tout est aux Écoliers couchette et matelas.
5   Un honnête homme[1] en pareil cas
Aurait fait un saut de vingt brasses[2].
Près de là tout heureusement
La Fortune[3] passa, l'éveilla doucement,
Lui disant : « Mon mignon, je vous sauve la vie.
10 Soyez une autre fois plus sage, je vous prie.
Si vous fussiez tombé, l'on s'en fût pris à moi ;
        Cependant c'était votre faute.
        Je vous demande, en bonne foi,
        Si cette imprudence si haute
15 Provient de mon caprice. » Elle part à ces mots.
        Pour moi, j'approuve son propos.
        Il n'arrive rien dans le monde
        Qu'il ne faille qu'elle en réponde.
        Nous la faisons de tous écots[4] :
20 Elle est prise à garant de toutes aventures.
Est-on sot, étourdi, prend-on mal ses mesures[5],
On pense en être quitte en accusant son sort.
        Bref la Fortune a toujours tort.

---

1. **Honnête homme :** homme de bonne éducation, distingué.
2. **Brasses :** la brasse est une ancienne mesure de marine de 1,62 m.
3. **Fortune :** au sens de destin, présentée comme une déesse.
4. **Écots :** frais occasionnés par un repas.
5. **Mesures :** dispositions.

12. Les Médecins

Le Médecin Tant-pis allait voir un malade
Que visitait aussi son Confrère Tant-mieux.
Ce dernier espérait, quoique son Camarade
Soutînt que le gisant[1] irait voir ses Aïeux[2].
5   Tous deux s'étant trouvés différents pour la cure[3],
Leur Malade paya le tribut[4] à Nature ;
Après qu'en ses conseils Tant-pis eut été cru.
Ils triomphaient encor sur cette maladie.
L'un disait : « Il est mort, je l'avais bien prévu.
10   – S'il m'eût cru, disait l'autre, il serait plein de vie. »

13. La Poule aux Œufs d'or

L'Avarice perd tout en voulant tout gagner.
           Je ne veux pour le témoigner
Que celui dont la Poule, à ce que dit la Fable,
           Pondait tous les jours un œuf d'or.
5   Il crut que dans son corps elle avait un trésor.
Il la tua, l'ouvrit, et la trouva semblable
À celles dont les œufs ne lui rapportaient rien,
S'étant lui-même ôté le plus beau de son bien.
           Belle leçon pour les gens chiches[5] :
10   Pendant ces derniers temps combien en a-t-on vus
Qui du soir au matin sont pauvres devenus
           Pour vouloir trop tôt être riches ?

---

1. **Gisant :** celui qui gît (est étendu) dans un lit.
2. **Irait voir ses Aïeux :** allait mourir.
3. **La cure :** les soins à donner.
4. **Paya le tribut :** s'acquitta de ce qu'il devait à la nature – c'est-à-dire mourut.
5. **Chiches :** avares.

La Poule aux Œufs d'or, gravure de Pierre Chenu
d'après Jean-Baptiste Oudry, XVIIIe siècle.

17. Le Lièvre et la Perdrix

Il ne se faut jamais moquer des misérables[1] :
Car qui peut s'assurer d'être toujours heureux ?
    Le sage Ésope dans ses Fables
    Nous en donne un exemple ou deux.
5   Celui qu'en ces Vers je propose,
    Et les siens, ce sont même chose.
Le Lièvre et la Perdrix, concitoyens d'un champ,
Vivaient dans un état, ce semble[2], assez tranquille,
    Quand une Meute s'approchant
10 Oblige le premier à chercher un asile.
Il s'enfuit dans son fort[3], met les Chiens en défaut[4],
    Sans même en excepter Brifaut[5].
    Enfin il se trahit lui-même
Par les esprits[6] sortants de son corps échauffé.
15 Miraut sur leur odeur ayant philosophé
Conclut que c'est son Lièvre, et d'une ardeur extrême
Il le pousse[7], et Rustaut, qui n'a jamais menti,
    Dit que le Lièvre est reparti.
Le pauvre malheureux vient mourir à son gîte.
20   La Perdrix le raille, et lui dit :
    « Tu te vantais d'être si vite[8] :
Qu'as-tu fait de tes pieds ? » Au moment qu'elle rit[9],
Son tour vient ; on la trouve : Elle croit que ses ailes
La sauront garantir à toute extrémité ;
25   Mais la Pauvrette avait compté
    Sans l'Autour[10] aux serres cruelles.

---

1. **Misérables :** malheureux.
2. **Ce semble :** semble-t-il.
3. **Fort :** abri.
4. **En défaut :** en échec (parce qu'ils ont perdu la piste).
5. **Brifaut :** nom de chien, comme Miraut et Rustaut plus loin.
6. **Esprits :** odeurs.
7. **Le pousse :** le poursuit.
8. **Si vite :** si rapide.
9. **Qu'elle rit :** où elle rit.
10. **Autour :** rapace utilisé pour la chasse.

19. Le Lion s'en allant en guerre

Le lion dans sa tête avait une entreprise[1].
Il tint conseil de guerre, envoya ses Prévôts[2],
    Fit avertir les Animaux :
Tous furent du dessein[3], chacun selon sa guise[4].
5   L'Éléphant devait sur son dos
        Porter l'attirail nécessaire
        Et combattre à son ordinaire,
        L'Ours s'apprêter pour les assauts ;
Le Renard ménager de secrètes pratiques,
10 Et le Singe amuser l'ennemi par ses tours.
« Renvoyez, dit quelqu'un, les Ânes qui sont lourds,
Et les Lièvres sujets à des terreurs paniques.
– Point du tout, dit le Roi, je les veux employer.
Notre troupe sans eux ne serait pas complète.
15 L'Âne effraiera les gens, nous servant de trompette,
Et le Lièvre pourra nous servir de courrier. »
        Le Monarque prudent et sage
De ses moindres Sujets sait tirer quelque usage,
        Et connaît les divers talents :
20 Il n'est rien d'inutile aux personnes de sens[5].

---

1. **Entreprise :** projet de guerre.
2. **Prévôts :** ambassadeurs.
3. **Du dessein :** du même avis.
4. **Selon sa guise :** à sa manière.
5. **De sens :** qui pensent profondément.

20. L'Ours et les deux Compagnons

Deux Compagnons pressés[1] d'argent
À leur voisin Fourreur vendirent
La peau d'un Ours encor vivant,
Mais qu'ils tueraient bientôt, du moins à ce qu'ils dirent.
5 C'était le Roi des Ours au compte de ces gens.
Le Marchand à sa peau[2] devait faire fortune :
Elle garantirait des froids les plus cuisants ;
On en pourrait fourrer plutôt deux robes qu'une.
Dindenaut[3] prisait[4] moins ses Moutons qu'eux leur Ours :
10 Leur, à leur compte, et non à celui de la Bête.
S'offrant de la livrer au plus tard dans deux jours,
Ils conviennent de prix, et se mettent en quête ;
Trouvent l'Ours qui s'avance, et vient vers eux au trot.
Voilà mes Gens frappés comme d'un coup de foudre.
15 Le marché ne tint pas ; il fallut le résoudre[5] :
D'intérêts contre l'Ours, on n'en dit pas un mot[6].
L'un des deux Compagnons grimpe au faîte d'un arbre ;
      L'autre, plus froid que n'est un marbre,
Se couche sur le nez, fait le mort, tient son vent[7] ;
20   Ayant quelque part ouï dire
      Que l'Ours s'acharne peu souvent
Sur un corps qui ne vit, ne meut[8], ni ne respire.
Seigneur Ours, comme un sot, donna dans ce panneau[9].
Il voit ce corps gisant, le croit privé de vie,
25   Et de peur de supercherie
Le tourne, le retourne, approche son museau,
      Flaire aux passages de l'haleine.

---

1. **Pressés :** ayant besoin.
2. **À sa peau :** au moyen de sa peau.
3. **Dindenaut :** personnage de marchand chez Rabelais, habile à vendre ses moutons.
4. **Prisait :** évaluait, estimait.
5. **Résoudre :** annuler.
6. **D'intérêts... pas un mot :** nul ne réclama à l'ours les intérêts du marché.
7. **Tient son vent :** retient son souffle.
8. **Ne meut :** ne bouge.
9. **Donna dans ce panneau :** tomba dans ce piège.

« C'est, dit-il, un Cadavre : ôtons-nous, car il sent. »
À ces mots, l'Ours s'en va dans la Forêt prochaine.
30 L'un de nos deux Marchands de son arbre descend,
Court à son Compagnon, lui dit que c'est merveille
Qu'il n'ait eu seulement que la peur pour tout mal.
« Eh bien, ajouta-t-il, la peau de l'Animal ?
Mais que t'a-t-il dit à l'oreille ?
35 Car il s'approchait de bien près,
Te retournant avec sa serre[1].
– Il m'a dit qu'il ne faut jamais
Vendre la peau de l'Ours qu'on ne l'ait mis par terre. »

21. L'Âne vêtu de la peau du Lion

De la peau du Lion l'Âne s'étant vêtu
Était craint partout à la ronde,
Et bien qu'animal sans vertu[2],
Il faisait trembler tout le monde.
5 Un petit bout d'oreille échappé par malheur
Découvrit la fourbe[3] et l'erreur.
Martin[4] fit alors son office.
Ceux qui ne savaient pas la ruse et la malice
S'étonnaient de voir que Martin
10 Chassât les Lions au moulin[5].

Force[6] gens font du bruit[7] en France
Par qui cet Apologue est rendu familier.
Un équipage[8] cavalier[9]
Fait les trois quarts de leur vaillance.

---

1. **Serre :** patte pourvue de griffes (s'applique surtout aux rapaces).
2. **Vertu :** courage (sens latin).
3. **La fourbe :** la supercherie.
4. **Martin :** nom donné au bâton.
5. **Lions au moulin :** lions qui, contrairement à l'usage, se rendent au moulin porter du grain.
6. **Force :** beaucoup de.
7. **Font du bruit :** de façon à ce que l'on parle d'eux.
8. **Un équipage :** les éléments extérieurs utilisés dans leurs déplacements.
9. **Cavalier :** adjectif qui désigne l'élégance, la noblesse.

Clefs d'analyse

Action et personnages

1. Quelles qualités prêtez-vous au Laboureur de la fable 9 ?

2. Quels types d'œuvres vous paraissent visés dans la deuxième partie de la fable 10 ?

3. Identifiez les diverses étapes de l'apologue (le récit) de la fable 17.

4. Qui aurait pu prononcer la réplique anonyme des vers 11-12 de la fable 19 ?

5. Comment définiriez-vous le caractère des deux Compagnons dans la fable 20 ?

Langue

6. Quel est le mètre utilisé dans la fable 2 ? Pourquoi ce choix ?

7. Dans la même fable 2, qu'a de comique le vers 22 : « Mes gens s'en vont à trois pieds » ? Ne peut-on lire un jeu de mot dans l'emploi du terme « pied » ?

8. Étudiez la disposition des rimes dans les vers 1 à 15 de la fable 3.

9. Justifiez la métaphore finale de la fable 9 : « le travail est un trésor. » Quelle différence faites-vous entre une métaphore et une comparaison ?

10. Relevez les noms attribués au chien dans la fable 17 et expliquez les raisons de ces choix.

Genre ou thèmes

11. La morale est exprimée à deux reprises dans la fable 9. Pour quelle raison ?

12. « cette Fable / Dont le récit est menteur / Et le sens véritable » (fable 10). Comment comprenez-vous la formule ? Vous paraît-elle pouvoir s'appliquer aux fables en général ?

13. La fable 10 ne peut être considérée comme une satire. Comment la qualifieriez-vous ?

Écriture

14. Dans la fable 2, transformez le style des paroles du Pot de terre en remettant les vers 4 à 9 au style direct et les vers 10 à 13 au style indirect.

15. Imaginez la réponse de l'Enfant à la Fortune dans la fable 11.

16. En vue d'une adaptation sous forme de bande dessinée, établissez le découpage de la partie « récit » de la fable 20, en prévoyant les illustrations et la distribution des paroles.

17. Proposez une autre moralité à la fable 21.

Pour aller plus loin

18. Recherchez une illustration de Grandville concernant la fable 2 et interrogez-vous sur sa pertinence.

19. Recherchez dans les comédies de Molière celles où interviennent des médecins et établissez des rapprochements avec ce qui est dit de la corporation dans la fable 12.

20. Recherchez dans l'œuvre de Rabelais le passage dont s'inspire La Fontaine au début de la fable 20. Notez les similitudes et les différences.

✳ À retenir

Les fables ressemblent souvent à de petites comédies : elles mettent en scène des personnages qui s'expriment généralement au style direct dans un dialogue qui pourrait être porté au théâtre. Ces acteurs s'opposent sur une question faisant conflit qui se développe à travers diverses péripéties (rebondissements, renversements de situation, arrivées inattendues) et s'achève par un dénouement, le plus souvent brutal. Enfin, en règle générale, et malgré une certaine cruauté, l'histoire est racontée sur le ton de la gaieté.

Livre sixième

3. Phébus et Borée

Borée[1] et le Soleil virent un Voyageur
       Qui s'était muni[2] par bonheur
Contre le mauvais temps (on entrait dans l'Automne,
Quand la précaution aux voyageurs est bonne :
5   Il pleut ; le Soleil luit ; et l'écharpe d'Iris[3]
       Rend ceux qui sortent avertis
Qu'en ces mois le Manteau leur est fort nécessaire.
Les Latins les nommaient douteux pour cette affaire[4].)
Notre homme s'était donc à la pluie attendu.
10 Bon manteau bien doublé ; bonne étoffe bien forte.
« Celui-ci, dit le Vent, prétend avoir pourvu
À tous les accidents ; mais il n'a pas prévu
       Que je saurai souffler de sorte
Qu'il n'est bouton qui tienne : il faudra, si je veux,
15   Que le Manteau s'en aille au diable.
L'ébattement[5] pourrait nous en être agréable :
Vous plaît-il de l'avoir ? – Eh bien, gageons[6] nous deux,
       (Dit Phébus) sans tant de paroles,
À qui plus tôt aura dégarni les épaules
20   Du Cavalier que nous voyons.
Commencez : je vous laisse obscurcir mes rayons. »
Il n'en fallut pas plus. Notre Souffleur à gage[7]

---

1. **Borée :** Dieu du Vent du nord dans la mythologie grecque (Phébus est le dieu du Soleil).
2. **Muni :** protégé.
3. **Écharpe d'Iris :** arc-en-ciel. Iris était la messagère des dieux.
4. **Cette affaire :** cette raison.
5. **Ébattement :** amusement, fait de s'ébattre.
6. **Gageons :** parions.
7. **Souffleur à gage :** parce qu'il a parié pour souffler.

Se gorge de vapeurs, s'enfle comme un ballon ;
      Fait un vacarme de Démon ;
25 Siffle, souffle, tempête, et brise en son passage
Maint[1] toit qui n'en peut mais[2], fait périr maint bateau ;
      Le tout au sujet d'un Manteau.
Le Cavalier eut soin d'empêcher que l'orage
      Ne se pût engouffrer dedans.
30 Cela le préserva ; le Vent perdit son temps ;
Plus il se tourmentait[3], plus l'autre tenait ferme ;
Il eut beau faire agir le collet et les plis.
      Sitôt qu'il fut au bout du terme
      Qu'à la gageure on avait mis,
35   Le Soleil dissipe la nue,
Recrée[4], et puis pénètre enfin le Cavalier ;
      Sous son balandras[5] fait qu'il sue,
      Le contraint de s'en dépouiller.
Encor n'usa-t-il pas de toute sa puissance.
40   Plus fait Douceur que Violence.

5. Le Cochet, le Chat, et le Souriceau

Un Souriceau[6] tout jeune, et qui n'avait rien vu,
      Fut presque pris au dépourvu.
Voici comme il conta l'aventure à sa Mère.
« J'avais franchi les Monts qui bornent cet État,
5   Et trottais comme un jeune Rat
      Qui cherche à se donner carrière[7],
Lorsque deux animaux m'ont arrêté les yeux ;

---

1. **Maint :** de nombreux.
2. **N'en peut mais :** n'y peut rien.
3. **Se tourmentait :** s'acharnait.
4. **Recrée :** ranime, réconforte.
5. **Balandras :** manteau doublé.
6. **Souriceau :** petite souris, mot inventé par La Fontaine.
7. **Se donner carrière :** avancer dans la vie.

L'un doux, bénin et gracieux,
Et l'autre turbulent, et plein d'inquiétude[1].

10   Il a la voix perçante et rude ;
Sur la tête un morceau de chair ;
Une sorte de bras dont[2] il s'élève en l'air,
Comme pour prendre sa volée ;
La queue en panache étalée. »

15   Or c'était un Cochet[3] dont notre Souriceau
Fit à sa mère le tableau,
Comme d'un animal venu de l'Amérique.
« Il se battait, dit-il, les flancs avec ses bras,
Faisant tel bruit et tel fracas,

20   Que moi, qui grâce aux Dieux de courage me pique[4],
En ai pris la fuite de peur,
Le maudissant de très bon cœur.
Sans lui j'aurais fait connaissance
Avec cet Animal qui m'a semblé si doux.

25   Il est velouté comme nous,
Marqueté[5], longue queue, une humble contenance ;
Un modeste regard, et pourtant l'œil luisant :
Je le crois fort sympathisant
Avec Messieurs les Rats ; car il a des oreilles

30   En figure[6] aux nôtres pareilles.
Je l'allais aborder ; quand d'un son plein d'éclat
L'autre m'a fait prendre la fuite.
– Mon fils, dit la Souris, ce doucet[7] est un Chat,
Qui sous son minois hypocrite

35   Contre toute ta parenté
D'un malin vouloir[8] est porté.

---

1. **Inquiétude :** agitation.
2. **Dont :** grâce auquel.
3. **Cochet :** jeune coq.
4. **De courage me pique :** me flatte d'être courageux.
5. **Marqueté :** marqué de taches.
6. **En figure :** de forme.
7. **Doucet :** diminutif de doux.
8. **Malin vouloir :** mauvaises intentions.

L'autre animal tout au contraire
Bien éloigné de nous mal faire,
Servira quelque jour peut-être à nos repas.
40 Quant au Chat, c'est sur nous qu'il fonde sa cuisine.
Garde-toi, tant que tu vivras,
De juger des gens sur la mine. »

Le Cochet, le Chat, et le Souriceau, gravure de Quintin Pierre Chedel
d'après Jean-Baptiste Oudry, XVIIIᵉ siècle.

10. Le Lièvre et la Tortue

Rien ne sert de courir ; il faut partir à point.
Le Lièvre et la Tortue en sont un témoignage.
« Gageons[1], dit celle-ci, que vous n'atteindrez point
Sitôt que moi ce but. – Si tôt ? êtes-vous sage ?
5   Repartit l'Animal léger.
         Ma Commère, il vous faut purger
         Avec quatre grains d'ellébore[2].
         – Sage ou non, je parie encore. »
         Ainsi fut fait : et de tous deux
10   On mit près du but les enjeux.
         Savoir quoi, ce n'est pas l'affaire ;
         Ni de quel juge l'on convint.
Notre Lièvre n'avait que quatre pas à faire ;
J'entends de ceux qu'il fait lorsque prêt[3] d'être atteint
15 Il s'éloigne des Chiens, les renvoie aux Calendes[4],
         Et leur fait arpenter[5] les landes.
Ayant, dis-je, du temps de reste pour brouter,
         Pour dormir, et pour écouter
      D'où vient le vent, il laisse la Tortue
20   Aller son train de Sénateur[6].
         Elle part, elle s'évertue[7] ;
         Elle se hâte avec lenteur.
Lui cependant méprise une telle victoire ;
Tient la gageure à peu de gloire[8] ;
25 Croit qu'il y va de son honneur

---

1. **Gageons :** parions.
2. **Ellébore :** plante qui, pour les Anciens, soignait la folie.
3. **Prêt :** sur le point.
4. **Calendes :** premier jour du calendrier romain ignoré des Grecs. L'expression populaire « renvoyer aux calendes grecques » signifie à une date indéterminée, car n'existant pas.
5. **Arpenter :** ici, parcourir.
6. **Train de Sénateur :** allure lente, car les sénateurs romains, graves et majestueux, aimaient à ne pas se presser.
7. **S'évertue :** fait des efforts.
8. **Tient la gageure à peu de gloire :** juge le pari très facile à gagner.

De partir tard. Il broute, il se repose,
Il s'amuse à toute autre chose
Qu'à la gageure. À la fin quand il vit
Que l'autre touchait presque au bout de la carrière[1],
30 Il partit comme un trait ; mais les élans qu'il fit
Furent vains ; la Tortue arriva la première.
« Hé bien ! lui cria-t-elle, avais-je[2] pas raison ?
De quoi vous sert votre vitesse ?
Moi, l'emporter ! et que serait-ce
35 Si vous portiez une maison ? »

16. Le Cheval et l'Âne

En ce monde il se faut l'un l'autre secourir.
Si ton Voisin vient à mourir,
C'est sur toi que le fardeau tombe.
Un Âne accompagnait un Cheval peu courtois,
5 Celui-ci ne portant que son simple harnois[3],
Et le pauvre Baudet si chargé qu'il succombe.
Il pria le Cheval de l'aider quelque peu :
Autrement il mourrait devant qu'[4]être à la ville.
« La prière, dit-il, n'en est pas incivile[5] :
10 Moitié de ce fardeau ne vous sera que jeu. »
Le Cheval refusa, fit une pétarade[6] ;
Tant qu'[7]il vit sous le faix[8] mourir son Camarade,
Et reconnut qu'il avait tort.
Du Baudet, en cette aventure,
15 On lui fit porter la voiture[9],
Et la peau par-dessus encor.

---

1. **Carrière :** piste d'un cirque antique où se déroulaient les courses.
2. **Avais-je :** n'avais-je.
3. **Harnois :** harnais, équipement du cheval.
4. **Devant qu' :** avant d'.
5. **Incivile :** déplacée, manquant de civilité, au sens de courtoisie.
6. **Pétarade :** ruade accompagnée de pets.
7. **Tant qu' :** tellement qu'.
8. **Faix :** fardeau.
9. **Voiture :** chargement de la voiture.

18. Le Chartier embourbé

Le Phaéton[1] d'une voiture à foin
Vit son char embourbé. Le pauvre homme était loin
De tout humain secours. C'était à la campagne,
Près d'un certain canton[2] de la basse Bretagne
5   Appelé Quimpercorentin.
     On sait assez que le Destin.
Adresse là les gens quand il veut qu'on enrage.
     Dieu nous préserve du voyage !
Pour venir au Chartier[3] embourbé dans ces lieux,
10 Le voilà qui déteste[4] et jure de son mieux,
     Pestant en sa fureur extrême
Tantôt contre les trous, puis contre ses chevaux,
     Contre son char, contre lui-même.
Il invoque à la fin le Dieu dont les travaux
15   Sont si célèbres dans le monde.
« Hercule, lui dit-il, aide-moi ; si ton dos
     A porté la Machine ronde[5],
     Ton bras peut me tirer d'ici. »
Sa prière étant faite, il entend dans la nue
20   Une Voix qui lui parle ainsi :
     « Hercule veut qu'on se remue,
Puis il aide les Gens. Regarde d'où provient
     L'achoppement[6] qui te retient.
     Ôte d'autour de chaque roue
25 Ce malheureux mortier, cette maudite boue,

---

1. **Phaéton** : cocher ; ce nom savant est emprunté au personnage mythologique de Phaéton, chargé de conduire le char du Soleil, son père. Pour une faute de conduite, il fut foudroyé par Jupiter.
2. **Canton** : coin retiré.
3. **Chartier** : on pouvait écrire de cette façon le mot « charretier ».
4. **Déteste** : maudit le ciel.
5. **La Machine ronde** : la terre. Hercule (ou Héraclès), célèbre pour ses douze travaux, aurait aidé Atlas à porter la terre sur ses épaules.
6. **Achoppement** : obstacle, gêne.

Qui jusqu'à l'essieu les enduit.
Prends ton pic, et me romps ce caillou qui te nuit.
Comble-moi cette ornière. As-tu fait ? – Oui, dit l'homme.
– Or bien je vas¹ t'aider, dit la Voix : prends ton fouet.
30 – Je l'ai pris. Qu'est ceci ? mon char marche à souhait.
Hercule en soit loué. » Lors la Voix : « Tu vois comme
Tes chevaux aisément se sont tirés de là.
Aide-toi, le Ciel t'aidera. »

19. Le Charlatan

Le monde n'a jamais manqué de Charlatans².
Cette science de tout temps
Fut en Professeurs très fertile.
Tantôt l'un en Théâtre affronte l'Achéron³,
5 Et l'autre affiche par la Ville
Qu'il est un Passe-Cicéron⁴.
Un des derniers se vantait d'être
En Éloquence si grand Maître,
Qu'il rendrait disert⁵ un Badaud,
10 Un Manant, un Rustre, un Lourdaud ;
« Oui, Messieurs, un Lourdaud ; un Animal, un Âne :
Que l'on [m']amène un Âne, un Âne renforcé ;
Je le rendrai Maître passé⁶ ;
Et veux qu'il porte la Soutane⁷. »

---

1. **Je vas :** je vais.
2. **Charlatans :** prétendus savants ou médecins qui s'adressaient à la foule dans les lieux publics pour lui vendre des remèdes-miracles.
3. **Achéron :** un des fleuves des Enfers dans la mythologie grecque. Ici, la mort.
4. **Passe-Cicéron :** formule en raccourci pour désigner un charlatan qui se prétend supérieur en éloquence à Cicéron, célèbre orateur romain.
5. **Disert :** bavard, loquace.
6. **Maître passé :** diplômé, méritant le titre de « maître ».
7. **Soutane :** habit des prêtres, signe de distinction intellectuelle.

Livre sixième

15 Le Prince sut la chose ; il manda le Rhéteur[1].
          « J'ai, dit-il, dans mon Écurie
          Un fort beau Roussin d'Arcadie[2] :
          J'en voudrais faire un Orateur.
     – Sire, vous pouvez tout, reprit d'abord[3] notre homme. »
20   On lui donna certaine somme.
          Il devait au bout de dix ans
          Mettre son Âne sur les bancs[4] ;
     Sinon, il consentait d'être en place publique
     Guindé la hart au col[5], étranglé court et net,
25   Ayant au dos sa Rhétorique[6],
          Et les oreilles d'un Baudet[7].
     Quelqu'un des Courtisans lui dit qu'à la potence
     Il voulait l'aller voir, et que pour un Pendu,
     Il aurait bonne grâce et beaucoup de prestance :
30   Surtout qu'il se souvînt de faire à l'Assistance
     Un discours où son art fût au long étendu[8] ;
     Un discours pathétique[9], et dont le formulaire[10]
          Servît à certains Cicérons
          Vulgairement nommés Larrons[11].
35   L'autre reprit : « Avant l'affaire,
          Le Roi, l'Âne, ou moi, nous mourrons. »

---

1. **Rhéteur :** maître d'éloquence, habitué à la rhétorique.
2. **Roussin d'Arcadie :** le roussin est un cheval robuste ; l'Arcadie est une région de la Grèce.
3. **D'abord :** tout de suite.
4. **Les bancs :** les bancs de l'université.
5. **Guindé la hart au col :** hissé la corde au cou.
6. **Au dos sa rhétorique :** accroché dans le dos les marques de sa pseudoscience.
7. **Baudet :** nom familier de l'âne.
8. **Son art fût au long étendu :** ses talents d'orateur puissent s'exprimer à leur mesure.
9. **Pathétique :** pour émouvoir le public en reconnaissant ses erreurs, ce qu'on nommait « faire amende honorable ».
10. **Formulaire :** contenu.
11. **Larrons :** voleurs.

Il avait raison. C'est folie
De compter sur dix ans de vie.
Soyons bien buvants, bien mangeants,
40 Nous devons à la mort de trois l'un en dix ans[1].

Le Charlatan, illustration de François Chauveau, XVIIᵉ siècle.

---

1. **Nous devons... en dix ans :** tous les dix ans, la mort emporte un homme sur
trois.

Clefs d'analyse

Action et personnages

1. Pour quelle raison Borée veut-il s'en prendre au voyageur dans la fable 3 ?

2. Relevez des marques de vanité chez le Souriceau de la fable 5. Quels autres défauts peut-on lui reprocher ?

3. La victoire revient à la Tortue dans la fable 10 ; mais le Lièvre est-il montré de façon totalement négative ? Quel trait dominant pouvez-vous discerner dans les caractères des deux personnages ?

4. Faites le plan de la fable 18.

Langue

5. Relevez et expliquez, dans la fable 5, tous les diminutifs.

6. « Notre Lièvre » est-il écrit au vers 13 de la fable 10. Expliquez l'emploi du possessif « notre ».

7. Comment s'appelle la figure de style utilisée au vers 22 de la fable 10 ?

8. Dans la fable 16, trouvez un ou des exemples de style direct, de style indirect, et de style indirect libre.

9. « De tout humain secours » (fable 18, vers 3). Le sens est-il le même que « De tout secours humain » ?

Genre ou thèmes

10. Comme dans *Le Chêne et le Roseau* (I. 22), la fable 3 décrit une tempête ; comparez les deux récits.

11. Pourquoi La Fontaine nous prive-t-il de certains détails aux vers 11 et 12 de la fable 10 ?

12. À propos de la fable 18, on peut parler de registre « burlesque ». Recherchez le sens du mot et vérifiez en quoi il peut s'appliquer à cette fable.

13. Quels types de personnages semblent visés dans la fable 19 ?

Écriture

14. Imaginez le scénario d'une comédie mettant en scène des humains et illustrant la moralité de la fable 6.

15. En six vignettes, construisez les planches de la bande dessinée qui raconterait l'aventure du Lièvre et de la Tortue dans la fable 10.

16. Transformez les styles des paroles du charretier de la fable 18 : rédigez au style direct les vers 10 à 15 et au style indirect les vers 16 à 18.

17. En vous inspirant de la fable 19, présentez en une douzaine de lignes un camelot faisant son boniment.

Pour aller plus loin

18. Faites une recherche sur la famille des équidés : le cheval, l'âne et les autres quadrupèdes du même genre.

19. Cherchez dans un dictionnaire de la mythologie des renseignements au sujet de Phaéton, de Phébus et de Borée, d'Hercule, de l'Achéron.

20. Retrouvez la fable qui ouvre le Livre sixième, *Le Pâtre et le Lion*, et relevez les vers qui s'appliquent à l'art de la fable.

✳ À retenir

La fable est un court récit qui doit délivrer une leçon morale exprimée sous la forme d'une moralité. Pour respecter cette règle, La Fontaine recourt à cinq manières : la moralité termine la fable (plus de la moitié des cas), précède la fable (une trentaine de fables), est insérée dans la fable (assez rare), est formulée deux fois (un cas sur dix environ) ou est absente (même proportion). Cette variété donne de la diversité au recueil.

Livre septième

1. Les Animaux malades de la Peste

Un mal qui répand la terreur,
Mal que le Ciel en sa fureur
Inventa pour punir les crimes de la terre,
La Peste (puisqu'il faut l'appeler par son nom)
5 Capable d'enrichir en un jour l'Achéron[1],
Faisait aux animaux la guerre.
Ils ne mouraient pas tous, mais tous étaient frappés :
On n'en voyait point d'occupés
À chercher le soutien d'une mourante vie ;
10 Nul mets n'excitait leur envie ;
Ni Loups ni Renards n'épiaient
La douce et l'innocente proie.
Les Tourterelles se fuyaient ;
Plus d'amour, partant[2] plus de joie.
15 Le Lion tint conseil, et dit : « Mes chers amis,
Je crois que le Ciel a permis
Pour nos péchés cette infortune ;
Que le plus coupable de nous
Se sacrifie aux traits[3] du céleste courroux,
20 Peut-être il obtiendra la guérison commune.
L'histoire nous apprend qu'en de tels accidents
On fait de pareils dévouements[4] :
Ne nous flattons[5] donc point, voyons sans indulgence
L'état de notre conscience.

---

1. **Achéron :** fleuve des Enfers dans la mythologie grecque ; les Enfers seront
remplis en un jour par les victimes de la peste.
2. **Partant :** ainsi (idée de conséquence).
3. **Traits :** flèches (à valeur de punition).
4. **Dévouements :** actes de dévotion pour obtenir le pardon.
5. **Flattons :** cherchons des excuses.

25 Pour moi, satisfaisant mes appétits gloutons
   J'ai dévoré force[1] moutons ;
   Que m'avaient-ils fait ? nulle offense :
Même il m'est arrivé quelquefois de manger
    Le Berger.
30 Je me dévouerai donc, s'il le faut ; mais je pense
Qu'il est bon que chacun s'accuse ainsi que moi :
Car on doit souhaiter selon toute justice
   Que le plus coupable périsse.
– Sire, dit le Renard, vous êtes trop bon Roi ;
35 Vos scrupules font voir trop de délicatesse ;
Eh bien, manger moutons, canaille, sotte espèce,
Est-ce un péché ? Non non. Vous leur fîtes Seigneur
   En les croquant beaucoup d'honneur.
   Et quant au Berger, l'on peut dire
40   Qu'il était digne de tous maux,
Étant de ces gens-là qui sur les animaux
   Se font un chimérique empire[2]. »
Ainsi dit le Renard, et flatteurs d'applaudir[3].
   On n'osa trop approfondir
45 Du Tigre, ni de l'Ours, ni des autres puissances
   Les moins pardonnables offenses.
Tous les gens querelleurs, jusqu'aux simples mâtins[4],
Au dire de chacun, étaient de petits saints.
L'Âne vint à son tour et dit : « J'ai souvenance
50   Qu'en un pré de Moines passant,
La faim, l'occasion, l'herbe tendre, et je pense
   Quelque diable aussi me poussant,
Je tondis de ce pré la largeur de ma langue.
Je n'en avais nul droit, puisqu'il faut parler net. »
55 À ces mots on cria haro[5] sur le baudet[6].

---

1. **Force :** de nombreux.
2. **Chimérique empire :** pouvoir purement imaginaire.
3. **D'applaudir :** se mettent à applaudir.
4. **Mâtins :** chiens de garde à la campagne.
5. **Cria haro :** expression populaire pour exiger la punition d'une personne.
6. **Baudet :** nom familier de l'âne.

Un Loup quelque peu clerc[1] prouva par sa harangue[2]
Qu'il fallait dévouer ce maudit animal,
Ce pelé, ce galeux, d'où venait tout leur mal.
Sa peccadille[3] fut jugée un cas pendable[4].
60   Manger l'herbe d'autrui ! quel crime abominable !
           Rien que la mort n'était capable
D'expier[5] son forfait : on le lui fit bien voir.
Selon que vous serez puissant ou misérable,
Les jugements de Cour[6] vous rendront blanc ou noir.

3. Le Rat qui s'est retiré du monde

      Les Levantins[7] en leur légende
Disent qu'un certain Rat las des soins[8] d'ici-bas,
      Dans un fromage de Hollande
      Se retira loin du tracas.
5   La solitude était profonde,
      S'étendant partout à la ronde.
Notre ermite nouveau[9] subsistait là dedans.
      Il fit tant de pieds et de dents
Qu'en peu de jours il eut au fond de l'ermitage
10   Le vivre et le couvert ; que faut-il davantage ?
Il devint gros et gras ; Dieu prodigue[10] ses biens
      À ceux qui font vœu d'être siens.
      Un jour au dévot personnage
      Des députés du peuple Rat
15   S'en vinrent demander quelque aumône légère :

---

1. **Clerc :** savant, instruit (comme les membres du clergé).
2. **Harangue :** discours.
3. **Peccadille :** faute légère et excusable.
4. **Pendable :** méritant la pendaison.
5. **Expier :** effacer (une faute).
6. **Cour :** cour de justice.
7. **Levantins :** peuple du Levant (l'Orient).
8. **Soins :** soucis.
9. **Nouveau :** d'une nouvelle espèce.
10. **Prodigue :** distribue généreusement.

124

Ils allaient en terre étrangère
Chercher quelque secours contre le peuple chat ;
Ratopolis[1] était bloquée :
On les avait contraints de partir sans argent,
20   Attendu l'état indigent[2]
De la République attaquée.
Ils demandaient fort peu, certains que le secours
Serait prêt dans quatre ou cinq jours.
« Mes amis, dit le Solitaire,
25 Les choses d'ici-bas ne me regardent plus :
En quoi peut un pauvre Reclus
Vous assister ? que peut-il faire,
Que de prier le Ciel qu'il vous aide en ceci ?
J'espère qu'il aura de vous quelque souci[3]. »
30   Ayant parlé de cette sorte,
Le nouveau Saint ferma sa porte.
Qui désigné-je, à votre avis,
Par ce Rat si peu secourable ?
Un Moine ? Non, mais un Dervis[4] :
35 Je suppose qu'un Moine est toujours charitable.

4. Le Héron
La Fille

Un jour sur ses longs pieds allait je ne sais où,
Le Héron au long bec emmanché d'un long cou.
Il côtoyait une rivière.
L'onde était transparente ainsi qu'aux plus beaux jours ;
5 Ma commère[5] la carpe y faisait mille tours
Avec le brochet son compère.

---

1. **Ratopolis :** nom fantaisiste pour désigner la ville des rats (*polis* désigne « ville » en grec).
2. **Attendu l'état indigent :** en raison de la pauvreté.
3. **Souci :** compréhension, bienveillance.
4. **Dervis :** derviche, religieux turc.
5. **Commère :** formule familière utilisée autrefois à la campagne ; de même que « compère » (v. 6).

Le Héron en eût fait aisément son profit :
Tous approchaient du bord, l'oiseau n'avait qu'à prendre ;
      Mais il crut mieux faire d'attendre
10   Qu'il eût un peu plus d'appétit.
Il vivait de[1] régime, et mangeait à ses heures.
Après quelques moments l'appétit vint ; l'oiseau
      S'approchant du bord vit sur l'eau
Des Tanches qui sortaient du fond de ces demeures.
15 Le mets ne lui plut pas ; il s'attendait à mieux
      Et montrait un goût dédaigneux
      Comme le rat du bon Horace[2].
« Moi, des Tanches ? dit-il, moi Héron que je fasse
Une si pauvre chère[3] ? et pour qui me prend-on ? »
20 La Tanche rebutée[4] il trouva du goujon.
« Du goujon ! c'est bien là le dîner d'un Héron !
J'ouvrirais pour si peu le bec ! aux Dieux ne plaise ! »
Il l'ouvrit pour bien moins : tout alla de façon
      Qu'il ne vit plus aucun poisson.
25 La faim le prit ; il fut tout heureux et tout aise
      De rencontrer un Limaçon.
      Ne soyons pas si difficiles :
Les plus accommodants, ce sont les plus habiles :
On hasarde[5] de perdre en voulant trop gagner.
30   Gardez-vous de rien dédaigner ;
Surtout quand vous avez à peu près votre compte.
Bien des gens y sont pris ; ce n'est pas aux Hérons
Que je parle ; écoutez, humains, un autre conte ;
Vous verrez que chez vous j'ai puisé ces leçons.
35   Certaine fille un peu trop fière
      Prétendait trouver un mari
Jeune, bien fait, et beau, d'agréable manière,

---

1. **Vivait de :** respectait un.
2. **Le Rat du bon Horace :** Horace, poète latin, avait imaginé un Rat de ville qui méprise les mets que lui offre le Rat des champs.
3. **Chère :** repas.
4. **Rebutée :** refusée.
5. **On hasarde :** on risque.

Point froid et point jaloux ; notez ces deux points-ci.
     Cette fille voulait aussi
40   Qu'il eût du bien, de la naissance,
De l'esprit, enfin tout ; mais qui peut tout avoir ?
Le destin se montra soigneux de la pourvoir :
     Il vint des partis d'importance.
La belle les trouva trop chétifs de moitié.
45 « Quoi moi ? quoi ces gens-là ? l'on radote, je pense.
À moi les proposer ! hélas ils font pitié.
     Voyez un peu la belle espèce ! »
L'un n'avait en l'esprit nulle délicatesse ;
L'autre avait le nez fait de cette façon-là ;
50   C'était ceci, c'était cela,
     C'était tout ; car les précieuses
     Font dessus tous les dédaigneuses.
Après les bons partis les médiocres gens
     Vinrent se mettre sur les rangs.
55 Elle de se moquer. « Ah vraiment, je suis bonne
De leur ouvrir la porte : ils pensent que je suis
     Fort en peine de ma personne.
     Grâce à Dieu, je passe les nuits
     Sans chagrin, quoique en solitude. »
60 La belle se sut gré de tous ces sentiments.
L'âge la fit déchoir ; adieu tous les amants.
Un an se passe et deux avec inquiétude.
Le chagrin vient ensuite : elle sent chaque jour
Déloger[1] quelques Ris, quelques jeux, puis l'amour ;
65   Puis ses traits choquer et déplaire ;
Puis cent sortes de fards. Ses soins ne purent faire
Qu'elle échappât au temps, cet insigne larron :
     Les ruines d'une maison
Se peuvent réparer ; que n'est[2] cet avantage
70   Pour les ruines du visage !
Sa préciosité changea lors de langage.

---

1. **Déloger :** s'en aller.
2. **Que n'est :** pourquoi ne pas avoir.

Son miroir lui disait : « Prenez vite un mari. »
Je ne sais quel désir le lui disait aussi ;
Le désir peut loger chez une précieuse.
75 Celle-ci fit un choix qu'on n'aurait jamais cru,
Se trouvant à la fin tout aise et tout heureuse
De rencontrer un malotru[1].

8. Le Coche et la Mouche

Dans un chemin montant, sablonneux, malaisé,
Et de tous les côtés au Soleil exposé,
Six forts chevaux tiraient un Coche[2].
Femmes, Moine, vieillards, tout était descendu.
5 L'attelage suait, soufflait, était rendu[3].
Une Mouche survient, et des chevaux s'approche ;
Prétend les animer par son bourdonnement ;
Pique l'un, pique l'autre, et pense à tout moment
Qu'elle fait aller la machine,
10 S'assied sur le timon[4], sur le nez du Cocher ;
Aussitôt que le char chemine,
Et qu'elle voit les gens marcher,
Elle s'en attribue uniquement la gloire ;
Va, vient, fait l'empressée ; il semble que ce soit
15 Un Sergent de bataille[5] allant en chaque endroit
Faire avancer ses gens, et hâter la victoire.
La Mouche en ce commun besoin[6]
Se plaint qu'elle agit seule, et qu'elle a tout le soin ;
Qu'aucun n'aide aux chevaux à se tirer d'affaire.
20 Le Moine disait son Bréviaire ;
Il prenait bien son temps ! une femme chantait ;
C'était bien de chansons qu'alors il s'agissait !

---

1. **Malotru :** personnage quelconque et disgracieux.
2. **Coche :** voiture à cheval couverte qui transportait des personnes.
3. **Rendu :** épuisé.
4. **Timon :** pièce de bois qui relie la voiture aux chevaux.
5. **Sergent de bataille :** officier au combat.
6. **Commun besoin :** nécessité qui concerne tout le monde.

Dame Mouche s'en va chanter à leurs oreilles,
        Et fait cent sottises pareilles.
25 Après bien du travail le Coche arrive au haut.
« Respirons maintenant, dit la Mouche aussitôt :
J'ai tant fait que nos gens sont enfin dans la plaine[1].
Ça, Messieurs les Chevaux, payez-moi de ma peine. »

Ainsi certaines gens faisant les empressés
30   S'introduisent dans les affaires :
        Ils font partout les nécessaires ;
Et, partout importuns, devraient être chassés.

9. La Laitière et le Pot au lait

Perrette, sur sa tête ayant un Pot au lait
        Bien posé sur un coussinet,
Prétendait arriver sans encombre à la ville.
Légère et court vêtue elle allait à grands pas ;
5 Ayant mis ce jour-là pour être plus agile
        Cotillon[2] simple, et souliers plats.
        Notre Laitière ainsi troussée[3]
        Comptait déjà dans sa pensée
Tout le prix de son lait, en employait l'argent,
10 Achetait un cent[4] d'œufs, faisait triple couvée ;
La chose allait à bien[5] par son soin diligent[6].
        « Il m'est, disait-elle, facile
D'élever des poulets autour de ma maison :
        Le Renard sera bien habile,
15 S'il ne m'en laisse assez pour avoir un cochon.

---

1. **Dans la plaine :** en terrain plat.
2. **Cotillon :** jupon léger que portaient les femmes à la campagne.
3. **Troussée :** vêtue, arrangée.
4. **Un cent :** une centaine.
5. **À bien :** correctement.
6. **Diligent :** plein de zèle.

Le porc à s'engraisser coûtera peu de son ;
Il était quand je l'eus de grosseur raisonnable :
J'aurai le revendant de l'argent bel et bon ;
Et qui m'empêchera de mettre en notre étable,
20 Vu le prix dont il est[1], une vache et son veau,
Que je verrai sauter au milieu du troupeau ? »
Perrette là-dessus saute aussi, transportée.
Le lait tombe ; adieu veau, vache, cochon, couvée ;
La Dame[2] de ces biens, quittant d'un œil marri[3]
25   Sa fortune ainsi répandue,
           Va s'excuser à son mari
           En grand danger d'être battue.
           Le récit en farce[4] en fut fait ;
           On l'appela le Pot au lait.

30   Quel esprit ne bat la campagne[5] ?
           Qui ne fait châteaux en Espagne ?
Picrochole[6], Pyrrhus[7], la Laitière, enfin tous,
           Autant les sages que les fous ?
Chacun songe en veillant[8], il n'est rien de plus doux :
35 Une flatteuse erreur emporte alors nos âmes :
           Tout le bien du monde est à nous,
           Tous les honneurs, toutes les femmes.
Quand je suis seul, je fais au plus brave un défi ;
Je m'écarte[9], je vais détrôner le Sophi[10] ;

---

1. **Dont il est :** que vaut le porc.
2. **Dame :** propriétaire.
3. **Marri :** fâché.
4. **En farce :** sous forme de comédie.
5. **Bat la campagne :** déraisonne, divague.
6. **Picrochole** : personnage qui apparaît dans *Gargantua* de Rabelais, type du roi belliqueux et vantard.
7. **Pyrrhus :** roi grec du IIe siècle av. J.-C. célèbre pour sa soif de conquête et son ambition.
8. **Songe en veillant :** rêve éveillé.
9. **Je m'écarte :** je m'égare.
10. **Le Sophi :** le roi de Perse.

40
      On m'élit roi, mon peuple m'aime ;
Les diadèmes vont sur ma tête pleuvant :
Quelque accident fait-il que je rentre en moi-même ;
      Je suis gros Jean comme devant[1].

La Laitière et le Pot au lait, gravure de Riland d'après Jean-Baptiste Oudry, XVIIIe siècle.

---

1. **Je suis gros Jean comme devant :** expression proverbiale, signifiant que l'on se retrouve tel un homme banal et sans relief (« gros Jean »).

12. Les deux Coqs

Deux Coqs vivaient en paix ; une Poule survint,
    Et voilà la guerre allumée.
Amour, tu perdis Troie[1] ; et c'est de toi que vint
    Cette querelle envenimée,
5 Où du sang des Dieux même on vit le Xanthe[2] teint.
Longtemps entre nos Coqs le combat se maintint.
Le bruit s'en répandit par tout le voisinage.
La gent[3] qui porte crête au spectacle accourut.
    Plus d'une Hélène au beau plumage
10 Fut le prix du vainqueur ; le vaincu disparut.
Il alla se cacher au fond de sa retraite,
    Pleura sa gloire et ses amours,
Ses amours qu'un rival tout fier de sa défaite
Possédait à ses yeux. Il voyait tous les jours
15 Cet objet[4] rallumer sa haine et son courage.
Il aiguisait son bec, battait l'air et ses flancs,
    Et s'exerçant contre les vents
    S'armait d'une jalouse rage.
Il n'en eut pas besoin. Son vainqueur sur les toits
20   S'alla percher, et chanter sa victoire.
    Un Vautour entendit sa voix :
    Adieu les amours et la gloire.
Tout cet orgueil périt sous l'ongle du Vautour.
    Enfin, par un fatal retour,
25   Son rival autour de la Poule
    S'en revint faire le coquet[5] :
    Je laisse à penser quel caquet[6],

---

1. **Troie :** cette ville légendaire fut détruite par les Grecs suite à l'enlèvement d'Hélène par le troyen Pâris.
2. **Xanthe :** fleuve qui arrosait Troie et où furent blessés Mars et Vénus (*Iliade*, V, 5).
3. **Gent :** espèce.
4. **Cet objet :** la femme aimée.
5. **Coquet :** étymologiquement « petit coq ». Le sens est double ici, évoquant la coquetterie.
6. **Caquet :** gloussement de la poule et bavardage.

Car il eut des femmes en foule ;
La Fortune se plaît à faire de ces coups.
30 Tout vainqueur insolent à sa perte travaille.
Défions-nous du sort, et prenons garde à nous,
Après le gain d'une bataille.

15. Le Chat, la Belette, et le petit Lapin

Du palais d'un jeune Lapin
Dame Belette un beau matin
S'empara ; c'est une rusée.
Le Maître étant absent, ce lui fut chose aisée.
5 Elle porta chez lui ses pénates[1] un jour
Qu'il était allé faire à l'Aurore sa cour,
Parmi le thym et la rosée.
Après qu'il eut brouté, trotté, fait tous ses tours,
Janot Lapin retourne aux souterrains séjours.
10 La Belette avait mis le nez à la fenêtre.
« Ô Dieux hospitaliers, que vois-je ici paraître ?
Dit l'animal chassé du paternel logis :
Ô là, Madame la Belette,
Que l'on déloge sans trompette,
15 Ou je vais avertir tous les rats[2] du pays. »
La Dame au nez pointu répondit que la terre
Était au premier occupant.
C'était un beau sujet de guerre
Qu'un logis où lui-même il n'entrait qu'en rampant.
20 « Et quand ce serait un Royaume
Je voudrais bien savoir, dit-elle, quelle loi
En a pour toujours fait l'octroi[3]
À Jean fils ou neveu de Pierre ou de Guillaume,
Plutôt qu'à Paul, plutôt qu'à moi. »

---

1. **Pénates** : dieux qui protégeaient la maison (voir « Dieux hospitaliers »,
   vers 11).
2. **Rats** : ils passaient pour être les ennemis des belettes.
3. **Octroi** : attribution.

25 Jean Lapin allégua la coutume et l'usage.
« Ce sont, dit-il, leurs lois qui m'ont de ce logis
Rendu maître et seigneur, et qui de père en fils,
L'ont de Pierre à Simon, puis à moi Jean transmis.
Le premier occupant est-ce une loi plus sage ?
30   – Or bien sans crier davantage,
Rapportons-nous, dit-elle, à Raminagrobis[1]. »
C'était un chat vivant comme un dévot ermite,
        Un chat faisant la chattemite[2],
Un saint homme de chat, bien fourré[3], gros et gras,
35   Arbitre expert sur tous les cas.
        Jean Lapin pour juge l'agrée[4].
        Les voilà tous deux arrivés
        Devant sa majesté fourrée.
Grippeminaud[5] leur dit : « Mes enfants, approchez,
40 Approchez ; je suis sourd ; les ans en sont la cause. »
L'un et l'autre approcha ne craignant nulle chose.
Aussitôt qu'à portée il vit les contestants[6],
        Grippeminaud le bon apôtre[7],
Jetant des deux côtés la griffe en même temps,
45 Mit les plaideurs d'accord en croquant l'un et l'autre.
Ceci ressemble fort aux débats qu'ont parfois
Les petits souverains se rapportants aux Rois.

---

1. **Raminagrobis :** prince des chats imaginé par Rabelais.
2. **Chattemite :** vieux mot évoquant la douceur exagérée.
3. **Bien fourré :** couvert de fourrure.
4. **L'agrée :** l'accepte.
5. **Grippeminaud :** autre notable des chats-fourrés chez Rabelais.
6. **Contestants :** personnes en procès (« plaideurs », vers 45).
7. **Bon apôtre :** formule consacrée pour désigner un hypocrite.

Clefs d'analyse

Action et personnages

1. Distinguez les cinq parties qui forment la fable 1.

2. Dans la même fable 1, quel type d'arguments utilise le Renard pour justifier le roi ? En quoi réside son habileté ?

3. Quel trait de caractère domine chez le Rat de la fable 3 ?

4. Que doivent montrer, dans la fable 8, les détails concernant le moine (vers 20) et la femme (vers 21) ?

5. Perette, dans la fable 9, vous paraît-elle sympathique ou antipathique ? Pourquoi ?

6. Pour quelle raison La Fontaine a-t-il choisi de poursuivre son récit après l'intervention du vautour au vers 23 de la fable 12 ?

Langue

7. Quel est le registre de langue utilisé au début de la fable 1 ? Relevez quelques termes l'illustrant.

8. Dans cette même fable 1, il est question, au vers 49, de l'« Âne » et, au vers 55, du « baudet ». Quelle différence faites-vous entre les deux mots ? Pourquoi ces choix ?

9. Comment est construit le mot *Ratopolis* dans la fable 3 (vers 18) ? Trouvez d'autres mots de la langue française construits avec la racine *polis*.

10. Dans la fable 8, relevez quatre exemples d'accumulation en rythme ternaire.

Genre ou thèmes

11. Sur quelle catégorie sociale porte la satire dans la fable 3 ?

12. Quelle leçon doit délivrer la fable 9 ? La moralité occupe 14 vers sur un ensemble de 44. Que pensez-vous de cette proportion ?

13. Quel est le thème philosophique ou social traité dans la fable 15 ?

14. Comparez les deux récits de la fable 5, *Le Héron* et *La Fille*. Quelles sont les similitudes, quelles sont les différences ?

Écriture

15. Rédigez le monologue du Rat de la fable 3 qui souhaite justifier sa retraite.

16. Imaginez, dans la fable 8, les protestations des personnages humains à la demande de paiement de la Mouche (vers 26-28).

Pour aller plus loin

17. À propos de la fable 1, on peut dire de l'Âne qu'il sert de « bouc émissaire ». Faites une recherche pour connaître l'origine de cette expression, son sens et ses applications.

18. À partir de la fable 3, recherchez quelle était la situation du clergé dans le dernier quart du XVIIe siècle. Quels reproches la tradition adresse-t-elle aux moines ? Citez des œuvres qui le prouvent.

19. Le Livre septième ouvre le second recueil des fables. Recherchez en quoi ce recueil se différencie du précédent.

✳ À retenir

Si les *Fables* de La Fontaine ont atteint une célébrité universelle, c'est, plus encore que pour leur portée morale, par leur valeur poétique. Cette qualité est obtenue par les techniques de versification (rythme, sonorités, harmonie, rimes), par la combinaison de vers de longueur différente (l'hétérométrie) et par l'art d'évoquer, grâce à quelques mots suggestifs, des personnages, un décor ou une action. La fable reste avant tout un poème.

Livre huitième

2. Le Savetier et le Financier

Un Savetier chantait du matin jusqu'au soir :
    C'était merveilles de le voir,
Merveilles[1] de l'ouïr ; il faisait des passages[2],
    Plus content qu'aucun des sept sages[3].
5 Son voisin au contraire, étant tout cousu d'or[4],
    Chantait peu, dormait moins encor.
    C'était un homme de finance.
Si sur le point du jour parfois il sommeillait,
Le Savetier alors en chantant l'éveillait,
10   Et le Financier se plaignait,
    Que les soins de la Providence[5]
N'eussent pas au marché fait vendre le dormir,
    Comme le manger et le boire.
    En son hôtel[6] il fait venir
15 Le chanteur, et lui dit : « Or ça, sire Grégoire,
Que gagnez-vous par an ? – Par an ? ma foi Monsieur,
    Dit avec un ton de rieur,
Le gaillard[7] Savetier, ce n'est point ma manière
De compter de la sorte ; et je n'entasse guère
20   Un jour sur l'autre[8] : il suffit qu'à la fin
    J'attrape le bout de l'année[9] :

---

1. **Merveilles :** le mot s'employait alors au pluriel.
2. **Passages :** effets de voix sur des variations de notes.
3. **Sept sages :** pour les Grecs de l'Antiquité, sept personnages d'exception incarnaient la sagesse et le bonheur.
4. **Cousu d'or :** expression consacrée pour dire « très riche » et dont l'origine remonte à la tradition de cacher sa fortune dans les coutures de ses vêtements.
5. **Providence :** représentation symbolique des décisions de Dieu.
6. **Hôtel :** hôtel particulier, digne d'un homme riche.
7. **Gaillard :** gai, joyeux.
8. **Un jour sur l'autre :** le gain d'un jour avec celui du suivant.
9. **J'attrape le bout de l'année :** je puisse couvrir les dépenses de l'année.

                    Chaque jour amène son pain.

    – Eh bien que gagnez-vous, dites-moi, par journée ?

    – Tantôt plus, tantôt moins : le mal est que toujours

25 (Et sans cela nos gains seraient assez honnêtes[1]),

    Le mal est que dans l'an s'entremêlent des jours

          Qu'il faut chommer[2] ; on nous ruine en Fêtes[3].

    L'une fait tort à l'autre ; et Monsieur le Curé

    De quelque nouveau Saint charge toujours son prône[4]. »

30 Le Financier riant de sa naïveté,

    Lui dit : « Je vous veux mettre aujourd'hui sur le trône.

    Prenez ces cent écus[5] : gardez-les avec soin,

          Pour vous en servir au besoin. »

    Le Savetier crut voir tout l'argent que la terre

35   Avait depuis plus de cent ans

         Produit pour l'usage des gens.

    Il retourne chez lui ; dans sa cave il enserre[6]

         L'argent et sa joie à la fois.

         Plus de chant ; il perdit la voix

40 Du moment qu'[7]il gagna ce qui cause nos peines.

         Le sommeil quitta son logis,

         Il eut pour hôtes les soucis,

         Les soupçons, les alarmes vaines.

    Tout le jour il avait l'œil au guet[8] ; et la nuit,

45   Si quelque chat faisait du bruit,

    Le chat prenait[9] l'argent : à la fin le pauvre homme

    S'en courut chez celui qu'il ne réveillait plus.

    « Rendez-moi, lui dit-il, mes chansons et mon somme,

         Et reprenez vos cent écus. »

---

1. **Honnêtes :** importants.
2. **Chommer :** ancienne orthographe de « chômer ».
3. **Fêtes** : jours de congé imposés par l'Église et qui ne rapportaient rien.
4. **Prône :** sermon du dimanche.
5. **Cent écus** : somme importante, équivalente à plus de mille euros.
6. **Enserre :** enterre.
7. **Du moment qu'** : à partir du moment où.
8. **Avait l'œil au guet :** surveillait.
9. **Le chat prenait :** il imaginait que le chat prenait.

Le Savetier et le Financier, gravure de Gustave Doré, XIXe siècle.

3. Le Lion, le Loup, et le Renard

Un Lion décrépit, goutteux[1], n'en pouvant plus,
Voulait que l'on trouvât remède à la vieillesse :
Alléguer[2] l'impossible aux Rois, c'est un abus.
    Celui-ci parmi chaque espèce
5 Manda des Médecins ; il en est de tous arts[3] :
Médecins au Lion viennent de toutes parts ;
De tous côtés lui vient des donneurs de recettes.
    Dans les visites qui sont faites,
Le Renard se dispense[4], et se tient clos et coi[5].
10 Le Loup en fait sa cour, daube[6] au coucher du Roi
Son camarade absent ; le Prince tout à l'heure[7]
Veut qu'on aille enfumer Renard dans sa demeure,
Qu'on le fasse venir. Il vient, est présenté[8] ;
Et, sachant que le Loup lui faisait cette affaire :
15 « Je crains, Sire, dit-il, qu'un rapport peu sincère,
    Ne m'ait à mépris imputé[9]
    D'avoir différé cet hommage ;
    Mais j'étais en pèlerinage ;
Et m'acquittais d'un vœu fait pour votre santé.
20   Même j'ai vu dans mon voyage
Gens experts et savants ; leur ai dit la langueur[10]
Dont votre Majesté craint à bon droit la suite :
    Vous ne manquez que de chaleur ;
    Le long âge en vous l'a détruite :
25 D'un Loup écorché vif appliquez-vous la peau

---

1. **Goutteux :** malade de la goutte, affection douloureuse des membres inférieurs.
2. **Alléguer :** prétexter.
3. **De tous arts :** dont les thérapeutiques sont variées.
4. **Se dispense :** s'abstient de se déplacer.
5. **Clos et coi :** enfermé et silencieux.
6. **Daube :** critique.
7. **Tout à l'heure :** sur-le-champ.
8. **Présenté :** introduit devant le roi.
9. **Ne m'ait à mépris imputé :** ait mis sur le compte du mépris.
10. **Langueur :** maladie qui fait dépérir.

Toute chaude et toute fumante ;
Le secret sans doute[1] en est beau
Pour la nature défaillante.
Messire Loup vous servira,
30 S'il vous plaît, de robe de chambre. »
Le Roi goûte[2] cet avis-là :
On écorche, on taille, on démembre
Messire Loup. Le Monarque en soupa ;
Et de sa peau s'enveloppa ;
35 Messieurs les courtisans, cessez de vous détruire :
Faites si vous pouvez votre cour sans vous nuire.
Le mal se rend chez vous au quadruple du bien.
Les daubeurs ont leur tour, d'une ou d'autre manière :
Vous êtes dans une carrière[3]
40 Où l'on ne se pardonne rien.

9. Le Rat et l'Huître

Un Rat hôte[4] d'un champ, Rat de peu de cervelle,
Des Lares[5] paternels un jour se trouva soû[6].
Il laisse là le champ, le grain, et la javelle[7],
Va courir le pays, abandonne son trou.
5 Sitôt qu'il fut hors de la case[8],
« Que le monde, dit-il, est grand et spacieux !
Voilà les Apennins[9], et voici le Caucase[10] » :
La moindre taupinée[11] était mont à ses yeux.

---

1. **Sans doute :** sans aucun doute.
2. **Goûte :** apprécie.
3. **Carrière :** domaine.
4. **Hôte :** habitant.
5. **Lares :** dieux de la Maison.
6. **Soû :** fatigué, lassé (« soûl » ou « saoul »).
7. **Javelle :** tas d'épis laissés au séchage.
8. **Case :** petite maison, chaumière.
9. **Apennins :** chaîne de montagnes d'Italie.
10. **Caucase :** chaîne de montagnes du centre de l'Europe.
11. **Taupinée :** galerie en saillie formée dans la terre par une taupe.

Au bout de quelques jours le voyageur arrive
10 En un certain canton[1] où Téthys[2] sur la rive
Avait laissé mainte Huître ; et notre Rat d'abord[3]
Crut voir en les voyant des vaisseaux de haut bord[4].
« Certes, dit-il, mon père était un pauvre sire :
Il n'osait voyager, craintif au dernier point :
15 Pour moi, j'ai déjà vu le maritime empire :
J'ai passé[5] les déserts, mais nous n'y bûmes point. »
D'un certain magister[6] le Rat tenait ces choses,
       Et les disait à travers champs ;
   N'étant pas de ces Rats qui les livres rongeants
20   Se font savants jusques aux dents.
       Parmi tant d'Huîtres toutes closes,
Une s'était ouverte, et bâillant au Soleil,
       Par un doux Zéphir[7] réjouie,
Humait l'air, respirait, était épanouie,
25 Blanche, grasse, et d'un goût à la voir nonpareil[8].
D'aussi loin que le Rat voit cette Huître qui bâille :
« Qu'aperçois-je ? dit-il, c'est quelque victuaille ;
Et, si je ne me trompe à la couleur du mets,
Je dois faire aujourd'hui bonne chère[9], ou jamais. »
30 Là-dessus maître Rat plein de belle espérance,
Approche de l'écaille, allonge un peu le cou,
Se sent pris comme aux lacs[10] : car l'Huître tout d'un coup
Se referme, et voilà ce que fait l'ignorance.

Cette Fable contient plus d'un enseignement.
35   Nous y voyons premièrement :

---

1. **Canton :** coin retiré.
2. **Téthys :** déesse de la Mer.
3. **D'abord :** tout de suite.
4. **Vaisseaux de haut bord :** navires accomplissant de grands voyages.
5. **Passé :** traversé.
6. **Magister :** maître (mot latin).
7. **Zéphir :** vent doux et léger.
8. **Nonpareil :** ou « non pareil », unique.
9. **Bonne chère :** bon repas.
10. **Lacs :** lacets qui servent de piège.

Que ceux qui n'ont du monde aucune expérience
Sont aux moindres objets frappés d'étonnement :
$\qquad$ Et puis nous y pouvons apprendre,
$\qquad$ Que tel est pris qui croyait prendre.

11. Les deux Amis

Deux vrais amis vivaient au Monomotapa[1] :
L'un ne possédait rien qui n'appartînt à l'autre :
$\qquad$ Les amis de ce pays-là
$\qquad$ Valent bien, dit-on, ceux du nôtre.
5 Une nuit que chacun s'occupait au sommeil,
Et mettait à profit l'absence du Soleil,
Un de nos deux Amis sort du lit en alarme[2] :
Il court chez son intime, éveille les valets ;
Morphée[3] avait touché le seuil de ce palais.
10 L'Ami couché s'étonne, il prend sa bourse, il s'arme ;
Vient trouver l'autre, et dit : « Il vous arrive peu
De courir quand on dort ; vous me paraissiez homme
À mieux user du temps destiné pour le somme :
N'auriez-vous point perdu tout votre argent au jeu ?
15 En voici : s'il vous est venu quelque querelle,
J'ai mon épée, allons. Vous ennuyez-vous point
De coucher toujours seul ? une esclave assez belle
Était à mes côtés : voulez-vous qu'on l'appelle ?
– Non, dit l'ami, ce n'est ni l'un ni l'autre point :
20 $\qquad$ Je vous rends grâce de ce zèle[4].
Vous m'êtes en dormant[5] un peu triste apparu ;
J'ai craint qu'il[6] ne fût vrai, je suis vite accouru.

---

1. **Monomotapa :** région reculée d'Afrique qui symbolise une terre lointaine et fabuleuse.
2. **En alarme :** épouvanté.
3. **Morphée :** personnage mythologique qui endormait ceux qu'il touchait au moyen de pavots, plantes hypnotiques.
4. **Zèle :** ferveur en amitié.
5. **En dormant :** pendant que je dormais.
6. **Il :** cela.

Ce maudit songe en est la cause. »
Qui d'eux aimait le mieux, que t'en semble, Lecteur ?
25 Cette difficulté vaut bien qu'on la propose.
Qu'un ami véritable est une douce chose.
Il cherche vos besoins au fond de votre cœur ;
Il vous épargne la pudeur[1]
De les lui découvrir vous-même.
30 Un songe, un rien, tout lui fait peur
Quand il s'agit de ce qu'il aime.

12. Le Cochon, la Chèvre et le Mouton

Une Chèvre, un Mouton, avec un Cochon gras,
Montés sur même char s'en allaient à la foire :
Leur divertissement ne les y portait pas ;
On s'en allait les vendre, à ce que dit l'histoire :
5 Le Charton[2] n'avait pas dessein
De les mener voir Tabarin[3] :
Dom[4] Pourceau criait en chemin,
Comme s'il avait eu cent Bouchers à ses trousses.
C'était une clameur à rendre les gens sourds :
10 Les autres animaux, créatures plus douces,
Bonnes gens, s'étonnaient qu'il criât au secours ;
Ils ne voyaient nul mal à craindre.
Le Charton dit au Porc : « Qu'as-tu tant à te plaindre ?
Tu nous étourdis tous, que ne te tiens-tu coi[5] ?
15 Ces deux personnes-ci plus honnêtes[6] que toi,
Devraient t'apprendre à vivre, ou du moins à te taire.
Regarde ce Mouton ; a-t-il dit un seul mot ?

---

1. **Pudeur :** « honnête honte » (*Dictionnaire de l'Académie*, 1694).
2. **Charton :** conducteur de char.
3. **Tabarin :** comédien populaire qui jouait des farces sur les tréteaux du Pont-Neuf.
4. **Dom :** seigneur (par dérision).
5. **Coi :** silencieux.
6. **Honnêtes :** raisonnables.

Il est sage. – Il est un sot,
Repartit le Cochon : s'il savait son affaire,
20 Il crierait comme moi, du haut de son gosier[1],
Et cette autre personne honnête
Crierait tout du haut de sa tête.
Ils pensent qu'on les veut seulement décharger,
La Chèvre de son lait, le Mouton de sa laine.
25 Je ne sais pas s'ils ont raison ;
Mais quant à moi qui ne suis bon
Qu'à manger, ma mort est certaine.
Adieu mon toit et ma maison. »
Dom Pourceau raisonnait en subtil personnage :
30 Mais que[2] lui servait-il ? Quand le mal est certain,
La plainte ni la peur ne changent le destin ;
Et le moins prévoyant est toujours le plus sage.

14. Les Obsèques de la Lionne

La femme du Lion mourut :
Aussitôt chacun accourut
Pour s'acquitter envers le Prince
De certains compliments de consolation,
5 Qui sont surcroît d'affliction[3].
Il fit avertir sa Province[4]
Que les obsèques se feraient
Un tel jour, en tel lieu ; ses Prévôts[5] y seraient
Pour régler la cérémonie,
10 Et pour placer la compagnie.
Jugez si chacun s'y trouva.
Le Prince aux cris s'abandonna,
Et tout son antre en résonna.

---

1. **Du haut de son gosier :** le plus fort possible.
2. **Que :** à quoi cela.
3. **Affliction :** peine, chagrin (« Qui sont surcroît d'affliction » : qui aggravent la peine).
4. **Province :** royaume.
5. **Prévôts :** officiers du protocole.

Les Lions n'ont point d'autre temple.
On entendit à son exemple
Rugir en leurs patois Messieurs les Courtisans.
Je définis la cour un pays où les gens,
Tristes, gais, prêts à tout, à tout indifférents,
Sont ce qu'il plaît au Prince, ou s'ils ne peuvent l'être,
Tâchent au moins de le paraître,
Peuple caméléon[1], peuple singe du maître ;
On dirait qu'un esprit[2] anime mille corps ;
C'est bien là que les gens sont de simples ressorts[3].
Pour revenir à notre affaire
Le Cerf ne pleura point, comment eût-il pu faire ?
Cette mort le vengeait ; la Reine avait jadis
Étranglé sa femme et son fils.
Bref il ne pleura point. Un flatteur l'alla dire,
Et soutint qu'il l'avait vu rire.
La colère du Roi, comme dit Salomon[4],
Est terrible, et surtout celle du Roi Lion :
Mais ce Cerf n'avait pas accoutumé[5] de lire.
Le Monarque lui dit : « Chétif[6] hôte des bois
Tu ris, tu ne suis[7] pas ces gémissantes voix.
Nous n'appliquerons point sur tes membres profanes
Nos sacrés ongles ; venez Loups,
Vengez la Reine, immolez tous
Ce traître à ses augustes mânes[8]. »
Le Cerf reprit alors : « Sire, le temps de[9] pleurs
Est passé ; la douleur est ici superflue.

---

1. **Caméléon :** animal exotique qui prend la couleur du support où il se trouve.
2. **Un esprit :** un seul esprit.
3. **Ressorts :** que l'on remonte comme dans une machine (allusion à la théorie de Descartes sur les animaux-machines).
4. **Salomon :** personnage de la Bible, roi d'Israël, connu pour sa sagesse.
5. **N'avait pas accoutumé :** n'avait pas l'habitude.
6. **Chétif :** faible.
7. **Suis :** imites.
8. **Mânes :** esprits des morts pour les Anciens.
9. **De :** des.

Votre digne moitié couchée entre des fleurs,
        Tout près d'ici m'est apparue ;
        Et je l'ai d'abord[1] reconnue.
« Ami, m'a-t-elle dit, garde[2] que ce convoi,
45 « Quand je vais chez les Dieux, ne t'oblige à des larmes
« Aux Champs Élysiens[3] j'ai goûté mille charmes,
« Conversant avec ceux qui sont saints comme moi.
« Laisse agir quelque temps le désespoir du Roi.
« J'y prends plaisir. » À peine on eut ouï la chose,
50 Qu'on se mit à crier : « Miracle, apothéose[4]. »
Le Cerf eut un présent, bien loin d'être puni.
        Amusez les Rois par des songes,
Flattez-les, payez-les d'agréables mensonges,
Quelque indignation dont leur cœur soit rempli,
55 Ils goberont l'appât, vous serez leur ami.

15. Le Rat et l'Éléphant

Se croire un personnage est fort commun en France.
        On y fait l'homme d'importance,
        Et l'on n'est souvent qu'un bourgeois :
        C'est proprement le mal françois[5].
5 La sotte vanité nous est particulière.
Les Espagnols sont vains, mais d'une autre manière.
        Leur orgueil me semble en un mot
        Beaucoup plus fou, mais pas si sot.
        Donnons quelque image du nôtre,
10   Qui sans doute[6] en vaut bien un autre.
Un Rat des plus petits voyait un Éléphant
Des plus gros, et raillait le marcher un peu lent

---

1. **D'abord** : immédiatement.
2. **Garde :** fais en sorte.
3. **Champs Élysiens (ou Élyséens) :** séjour des morts récompensés de leur vertu.
4. **Apothéose :** élévation au rang de dieu.
5. **François :** français, écrit de cette façon en raison de la rime.
6. **Sans doute :** sans aucun doute.

De la bête de haut parage[1],
Qui marchait à gros équipage[2].
15   Sur l'animal à triple étage
Une Sultane de renom,
Son Chien, son Chat et sa Guenon,
Son Perroquet, sa vieille[3], et toute sa maison[4],
S'en allait en pèlerinage.
20   Le Rat s'étonnait que les gens
Fussent touchés[5] de voir cette pesante masse :
« Comme si d'occuper ou plus ou moins de place,
Nous rendait, disait-il, plus ou moins importants.
Mais qu'admirez-vous tant en lui vous autres hommes ?
25   Serait-ce ce grand corps, qui fait peur aux enfants ?
Nous ne nous prisons[6] pas, tout petits que nous sommes,
D'un grain[7] moins que les Éléphants. »
Il en aurait dit davantage ;
Mais le Chat sortant de sa cage,
30   Lui fit voir en moins d'un instant
Qu'un Rat n'est pas un Éléphant.

17. L'Âne et le Chien

Il se faut entraider, c'est la loi de nature :
L'Âne un jour pourtant s'en moqua :
Et ne sais comme[8] il y manqua ;
Car il est bonne créature.
5   Il allait par pays accompagné du Chien,
Gravement, sans songer à rien,
Tous deux suivis d'un commun maître.
Ce maître s'endormit ; l'Âne se mit à paître :

---

1. **Haut parage :** haute naissance.
2. **À gros équipage :** avec un gros équipage.
3. **Vieille :** duègne, femme âgée chargée de la surveillance.
4. **Sa maison :** les personnes qui habitent dans sa maison.
5. **Fussent touchés :** manifestent de l'étonnement.
6. **Prisons :** apprécions.
7. **Grain :** petite unité de poids.
8. **Ne sais comme :** je ne sais comment.

Il était alors dans un pré,
10   Dont l'herbe était fort à son gré.
Point de chardons pourtant ; il s'en passa pour l'heure :
Il ne faut pas toujours être si délicat ;
      Et faute de servir ce plat
      Rarement un festin demeure[1].
15   Notre Baudet[2] s'en sut[3] enfin
Passer pour cette fois. Le Chien mourant de faim
Lui dit : « Cher compagnon, baisse-toi, je te prie ;
Je prendrai mon dîné dans le panier au pain. »
Point de réponse, mot[4] ; le Roussin d'Arcadie[5]
20   Craignit qu'en perdant un moment,
      Il ne perdît un coup de dent.
      Il fit longtemps la sourde oreille :
Enfin il répondit : « Ami, je te conseille
D'attendre que ton maître ait fini son sommeil ;
25 Car il te donnera sans faute à son réveil,
      Ta portion accoutumée.
      Il ne saurait tarder beaucoup. »
      Sur ces entrefaites un Loup
Sort du bois, et s'en vient ; autre bête affamée.
30 L'Âne appelle aussitôt le Chien à son secours.
Le Chien ne bouge[6], et dit : « Ami, je te conseille
De fuir, en attendant que ton maître s'éveille :
Il ne saurait tarder ; détale vite, et cours.
Que si ce Loup t'atteint, casse-lui la mâchoire.
35 On t'a ferré de neuf ; et si tu me veux croire,
Tu l'étendras tout plat. » Pendant ce beau discours,
Seigneur Loup étrangla le Baudet sans remède.
      Je conclus qu'il faut qu'on s'entraide.

---

1. **Rarement un festin demeure :** les bons repas ne sont jamais laissés longtemps.
2. **Baudet :** nom familier de l'âne.
3. **S'en sut :** sut s'en (passer).
4. **Point de [...] mot :** pas un mot.
5. **Roussin d'Arcadie :** âne originaire de la région de Grèce nommée Arcadie (voir VI, 19).
6. **Ne bouge :** ne bouge pas.

22. Le Chat et le Rat

Quatre animaux divers, le Chat Grippe-fromage,
Triste-oiseau le Hibou, Rongemaille le Rat,
      Dame Belette au long corsage[1],
      Toutes gens d'esprit scélérat,
5 Hantaient le tronc pourri d'un pin vieux et sauvage.
Tant y furent, qu'un soir à l'entour de ce pin
L'homme tendit ses rets[2]. Le Chat de grand matin
      Sort pour aller chercher sa proie.
Les derniers traits de l'ombre empêchent qu'il ne voie
10 Le filet ; il y tombe, en danger de mourir :
Et mon Chat de crier, et le Rat d'accourir,
L'un plein de désespoir, et l'autre plein de joie.
Il voyait dans les lacs[3] son mortel ennemi.
      Le pauvre Chat dit : « Cher ami,
15   Les marques de ta bienveillance
      Sont communes en mon endroit[4] :
Viens m'aider à sortir du piège où l'ignorance
      M'a fait tomber. C'est à bon droit
Que, seul entre les tiens par amour singulière[5]
20 Je t'ai toujours choyé, t'aimant comme mes yeux.
Je n'en ai point regret, et j'en rends grâce aux Dieux.
      J'allais leur faire ma prière ;
Comme tout dévot Chat en use[6] les matins,
Ce réseau[7] me retient : ma vie est en tes mains :
25 Viens dissoudre[8] ces nœuds. – Et quelle récompense
      En aurai-je ? reprit le Rat.
      – Je jure éternelle alliance

---

1. **Corsage :** taille.
2. **Rets :** filets, pièges.
3. **Lacs :** lacets, pièges.
4. **Sont communes en mon endroit :** sont fréquentes à mon égard.
5. **Singulière :** le mot « amour » était féminin.
6. **En use :** a l'habitude de faire.
7. **Réseau :** filet.
8. **Dissoudre :** défaire, déchirer.

Avec toi, repartit le Chat.
Dispose de ma griffe, et sois en assurance :
30 Envers et contre tous je te protégerai,
Et la Belette mangerai
Avec l'époux de la Chouette[1].
Ils t'en veulent tous deux. » Le Rat dit : « Idiot !
Moi ton libérateur ? je ne suis pas si sot. »
35 Puis il s'en va vers sa retraite.
La Belette était près du trou.
Le Rat grimpe plus haut ; il y voit le Hibou :
Dangers de toutes parts ; le plus pressant l'emporte.
Rongemaille retourne au Chat, et fait en sorte
40 Qu'il détache un chaînon, puis un autre, et puis tant
Qu'il dégage enfin l'hypocrite.
L'homme paraît en cet instant.
Les nouveaux alliés prennent tous deux la fuite.
À quelque temps de là, notre Chat vit de loin
45 Son Rat qui se tenait à l'erte[2] et sur ses gardes.
« Ah ! mon frère, dit-il, viens m'embrasser ; ton soin[3]
Me fait injure ; tu regardes
Comme ennemi ton allié.
Penses-tu que j'aie oublié
50 Qu'après Dieu je te dois la vie ?
– Et moi, reprit le Rat, penses-tu que j'oublie
Ton naturel ? Aucun traité
Peut-il forcer un Chat à la reconnaissance ?
S'assure-t-on sur[4] l'alliance
55 Qu'a faite la nécessité ? »

---

1. **L'époux de la Chouette** : pour La Fontaine, confondant les espèces, le hibou.
2. **À l'erte** : en alerte.
3. **Ton soin** : ta prudence.
4. **S'assure-t-on sur** : fait-on confiance en.

23. Le Torrent et la Rivière

Avec grand bruit et grand fracas
Un Torrent tombait des montagnes :
Tout fuyait devant lui ; l'horreur suivait ses pas ;
Il faisait trembler les campagnes.
5   Nul voyageur n'osait passer
Une barrière si puissante :
Un seul vit des voleurs, et se sentant presser[1],
Il mit entre eux et lui cette onde menaçante.
Ce n'était que menace, et bruit, sans profondeur ;
10   Notre homme enfin n'eut que la peur.
Ce succès lui donnant courage,
Et les mêmes voleurs le poursuivant toujours,
Il rencontra sur son passage
Une Rivière dont le cours
15   Image d'un sommeil doux, paisible et tranquille
Lui fit croire d'abord[2] ce trajet fort facile.
Point de bords escarpés, un sable pur et net.
Il entre, et son cheval le met
À couvert des voleurs, mais non de l'onde noire :
20   Tous deux au Styx[3] allèrent boire ;
Tous deux, à nager malheureux,
Allèrent traverser au séjour ténébreux,
Bien d'autres fleuves que les nôtres.
Les gens sans bruit sont dangereux ;
25   Il n'en est pas ainsi des autres.

---

1. **Presser :** serrer de près.
2. **D'abord :** tout de suite.
3. **Styx :** fleuve des Enfers dans la mythologie grecque.

24. L'Éducation

Laridon[1] et César, frères dont l'origine
Venait de chiens fameux, beaux, bien faits et hardis,
À deux maîtres divers échus au temps jadis,
Hantaient, l'un les forêts, et l'autre la cuisine.
5 Ils avaient eu d'abord chacun un autre nom :
      Mais la diverse nourriture[2]
Fortifiant en l'un cette heureuse nature,
En l'autre l'altérant, un certain marmiton
      Nomma celui-ci Laridon :
10 Son frère, ayant couru mainte[3] haute aventure,
Mis maint Cerf aux abois, maint Sanglier abattu,
Fut le premier César que la gent[4] chienne ait eu.
On eut soin d'empêcher qu'une indigne maîtresse
Ne fît en ses enfants dégénérer son sang :
15 Laridon négligé témoignait sa tendresse
      À l'objet le premier passant[5].
      Il peupla tout de son engeance :
Tournebroches[6] par lui rendus communs en France
Y font un corps à part, gens fuyants les hasards[7],
20   Peuple antipode des Césars.
On ne suit[8] pas toujours ses aïeux ni son père :
Le peu de soin, le temps, tout fait qu'on dégénère :
Faute de cultiver la nature et ses dons,
Ô combien de Césars deviendront Laridons !

---

1. **Laridon :** nom formé à partir du mot latin *laridum*, « lard ».
2. **Diverse nourriture :** éducation différente.
3. **Mainte [...] aventure :** un grand nombre d'aventures.
4. **Gent :** race, espèce.
5. **À l'objet le premier passant :** au premier objet (belle personne) passant.
6. **Tournebroches :** chiens installés dans une roue pour tourner la broche.
7. **Hasards :** risques, dangers.
8. **Suit :** imite.

26. Démocrite et les Abdéritains

Que j'ai toujours haï les pensers du vulgaire[1] !
Qu'il me semble profane[2], injuste, et téméraire[3] ;
Mettant de faux milieux[4] entre la chose et lui,
Et mesurant par sot ce qu'il voit en autrui !
5   Le maître d'Épicure[5] en fit l'apprentissage.
Son pays le crut fou : petits esprits ! mais quoi ?
      Aucun n'est prophète chez soi.
Ces gens étaient les fous, Démocrite le sage.
L'erreur alla si loin qu'Abdère[6] députa[7]
10   Vers Hippocrate[8], et l'invita,
      Par lettres et par ambassade,
À venir rétablir la raison du malade.
« Notre concitoyen, disaient-ils en pleurant,
Perd l'esprit ; la lecture a gâté Démocrite.
15   Nous l'estimerions plus s'il était ignorant.
Aucun nombre, dit-il, les mondes ne limite[9] :
Peut-être même ils sont remplis
De Démocrites infinis.
Non content de ce songe[10], il y joint les atomes[11],
20   Enfants d'un cerveau creux, invisibles fantômes ;
Et, mesurant les Cieux sans bouger d'ici-bas,
Il connaît l'Univers et ne se connaît pas.

---

1. **Du vulgaire :** de la foule.
2. **Profane :** indigne, ignorant.
3. **Téméraire :** sans réflexion.
4. **Faux milieux :** miroirs déformants (« milieu » est un terme d'optique).
5. **Le maître d'Épicure :** Démocrite, qui aurait inspiré la philosophie épicurienne.
6. **Abdère :** la région de Grèce d'où était originaire Démocrite.
7. **Députa :** envoya.
8. **Hippocrate :** célèbre médecin grec du IVe siècle av. J.-C.
9. **Aucun nombre... ne limite :** les mondes ne peuvent être comptés. De même peut-il exister un nombre infini de Démocrites. (vers 18).
10. **Songe :** idée chimérique.
11. **Atomes :** Démocrite est l'inventeur du mot et de la théorie atomique à laquelle La Fontaine adhérait.

Un temps fut qu'il savait accorder les débats[1] ;
    Maintenant il parle à lui-même.
25 Venez, divin mortel ; sa folie est extrême. »
Hippocrate n'eut pas trop de foi[2] pour ces gens :
Cependant il partit : Et voyez, je vous prie,
    Quelles rencontres[3] dans la vie
Le sort cause ; Hippocrate arriva dans le temps
30 Que celui qu'on disait n'avoir raison ni sens
    Cherchait dans l'homme et dans la bête
Quel siège a la raison, soit le cœur, soit la tête.
Sous un ombrage épais, assis près d'un ruisseau,
    Les labyrinthes[4] d'un cerveau
35 L'occupaient. Il avait à ses pieds maint[5] volume,
Et ne vit presque pas son ami s'avancer,
    Attaché[6] selon sa coutume.
Leur compliment fut court, ainsi qu'on peut penser
Le sage est ménager[7] du temps et des paroles.
40 Ayant donc mis à part[8] les entretiens frivoles,
Et beaucoup raisonné sur l'homme et sur l'esprit,
    Ils tombèrent sur[9] la morale.
    Il n'est pas besoin que j'étale
    Tout ce que l'un et l'autre dit.
45   Le récit précédent suffit
Pour montrer que le peuple est juge récusable[10].
    En quel sens est donc véritable
    Ce que j'ai lu dans certain lieu,
    Que sa voix est la voix de Dieu[11] ?

---

1. **Qu'il savait accorder les débats :** où il savait mettre un terme aux discussions.
2. **Foi :** confiance.
3. **Rencontres :** hasards.
4. **Labyrinthes :** circonvolutions.
5. **Maint volume :** un grand nombre de volumes.
6. **Attaché :** perdu dans ses pensées.
7. **Ménager :** économe.
8. **Mis à part :** écarté.
9. **Tombèrent sur :** arrivèrent au chapitre de (la morale).
10. **Récusable :** dont on peut contester les jugements.
11. **Voix de Dieu :** reprise de la maxime latine *Vox populi, vox Dei*, « la voix du peuple est la voix de Dieu. »

Clefs d'analyse

Action et personnages

1. Dans la fable 2, le Savetier échappe-t-il totalement à la critique ? À quel animal d'une fable célèbre du Livre premier peut-il faire penser ?

2. Quelles sont les diverses étapes qui composent le récit de la fable 9 ?

3. Quelles sont les trois hypothèses avancées par « l'Ami couché » de la fable 11 pour expliquer la visite imprévue de son ami ?

4. Pourquoi le Mouton et la Chèvre s'alarment-ils moins que le Cochon dans la fable 12 ?

5. Quel trait dominant peut-on reconnaître dans le caractère du Chat de la fable 22 ?

Langue

6. Dans la fable 3, il est question de « Messire Loup ». Pourquoi une telle expression ?

7. Les vers utilisés dans la fable 9 comptent essentiellement douze syllabes. Comment nomme-t-on ce type de vers ? Pourquoi ce choix ici ?

8. Comment peut-on appeler l'adresse au lecteur du vers 24 de la fable 11 ?

9. Que pensez-vous du contraste entre les deux noms des personnages présents dans la fable 24 ?

Genre ou thèmes

10. D'autres fables illustrent la même moralité que la fable 9, « tel est pris qui croyait prendre ». Retrouvez-en deux aux Livres III et XII.

11. Le Rat de la fable 9 tire son prétendu savoir des livres. La Fontaine veut-il contester l'intérêt des livres ?

12. La construction de la fable 14 semble échapper au modèle habituel. En quoi ? Pourquoi ?

13. La moralité de la fable 17 fait penser à celle d'une autre fable du Livre VI. Laquelle ? Pourquoi cette reprise ?

Écriture

14. Transformez la fable 2 en dialogue de théâtre. Vous pouvez construire deux scènes et vous pouvez utiliser des didascalies.

15. « Qu'un ami véritable est une douce chose. » En une dizaine de lignes, et sous la forme de votre choix, illustrez cette maxime.

16. À partir des fables 3 et 14, relevez les reproches adressés à la cour.

Pour aller plus loin

17. À propos de la fable 2, faites des recherches sur la valeur de l'écu (vers 32), sur les fêtes religieuses chômées à l'époque et aujourd'hui.

18. Recherchez dans l'œuvre de La Bruyère *Les Caractères*, les articles consacrés aux courtisans.

19. Les quatre derniers vers de l'apologue de la fable 23 évoquent les enfers tels que les imaginaient les Anciens. Dans un ouvrage de mythologie grecque, recherchez la manière dont étaient représentés les enfers.

✳ À retenir

La Fontaine n'hésite pas à utiliser dans ses *Fables* des souvenirs de sa culture, notamment gréco-latine. Le « siècle classique » (nom que l'on donne au xviiᵉ siècle) est nourri des œuvres de l'Antiquité et souhaite les imiter ou les prolonger comme l'illustrent, par exemple, les tragédies de Corneille ou de Racine, qui empruntent souvent leurs sujets aux auteurs anciens. La Fontaine, dans son domaine, est un parfait représentant du classicisme.

Livre neuvième

2. Les deux Pigeons

Deux Pigeons s'aimaient d'amour tendre :
L'un d'eux s'ennuyant au logis
Fut assez fou pour entreprendre
Un voyage en lointain pays.
5   L'autre lui dit : « Qu'allez-vous faire ?
Voulez-vous quitter votre frère ?
L'absence est le plus grand des maux :
Non pas pour vous, cruel : Au moins, que les travaux,
        Les dangers, les soins[1] du voyage,
10   Changent un peu votre courage[2].
Encor si la saison s'avançait davantage !
Attendez les zéphyrs[3] : Qui[4] vous presse ? Un Corbeau[5]
Tout à l'heure annonçait malheur à quelque oiseau.
Je ne songerai[6] plus que rencontre funeste,
15   Que Faucons, que réseaux[7]. « Hélas, dirai-je, il pleut :
        « Mon frère a-t-il tout ce qu'il veut,
        « Bon soupé, bon gîte, et le reste ? »
        Ce discours ébranla le cœur
        De notre imprudent voyageur ;
20   Mais le désir de voir et l'humeur inquiète[8]
L'emportèrent enfin. Il dit : « Ne pleurez point :
Trois jours au plus rendront mon âme satisfaite ;
Je reviendrai dans peu conter de point en point

---

1. **Soins :** soucis.
2. **Courage :** cœur.
3. **Zéphirs :** vents légers qui soufflent au printemps.
4. **Qui :** qu'est-ce qui.
5. **Un Corbeau :** cet oiseau était réputé prononcer des présages.
6. **Songerai :** verrai en rêve.
7. **Réseaux :** filets, pièges.
8. **Inquiète :** qui ne peut rester en place.

Mes aventures à mon frère.
25 Je le désennuierai : quiconque ne voit guère
N'a guère à dire aussi[1]. Mon voyage dépeint[2]
Vous sera d'un plaisir extrême.
Je dirai : « J'étais là ; telle chose m'avint[3] » ;
Vous y croirez être vous-même. »
30 À ces mots en pleurant ils se dirent adieu.
Le voyageur s'éloigne ; et voilà qu'un nuage
L'oblige de chercher retraite en quelque lieu.
Un seul arbre s'offrit, tel encor que l'orage
Maltraita le Pigeon en dépit du feuillage.
35 L'air devenu serein il part tout morfondu[4],
Sèche du mieux qu'il peut son corps chargé de pluie,
Dans un champ à l'écart voit du blé répandu,
Voit un Pigeon auprès, cela lui donne envie :
Il y vole, il est pris ; ce blé couvrait d'un las[5]
40 Les menteurs et traîtres appas[6].
Le las était usé ; si bien que de son aile,
De ses pieds, de son bec, l'oiseau le rompt enfin ;
Quelque plume y périt ; et le pis du destin
Fut qu'un certain Vautour à la serre cruelle
45 Vit notre malheureux qui, traînant la ficelle
Et les morceaux du las qui l'avait attrapé,
Semblait un forçat échappé.
Le Vautour s'en allait le lier[7], quand des nues
Fond à son tour un Aigle aux ailes étendues.
50 Le Pigeon profita du conflit des voleurs,
S'envola, s'abattit auprès d'une masure,
Crut, pour ce coup, que ses malheurs
Finiraient par cette aventure :

---

1. **Aussi :** non plus.
2. **Mon voyage dépeint :** le récit de mon voyage.
3. **Avint :** ancienne forme d'« advint ».
4. **Morfondu :** transi de froid.
5. **Las :** lacet, c'est-à-dire piège.
6. **Appas :** appâts. L'expression signifie : ce blé cachait les attraits dangereux d'un piège.
7. **Lier :** capturer.

Mais un fripon d'enfant, cet âge est sans pitié,
55 Prit sa fronde, et du coup tua plus d'à moitié
La volatile[1] malheureuse,
Qui maudissant sa curiosité,
Traînant l'aile, et tirant le pied,
Demi-morte et demi-boiteuse,
60 Droit au logis s'en retourna.
Que[2] bien que mal elle arriva
Sans autre aventure fâcheuse.
Voilà nos gens rejoints ; et je laisse à juger
De combien de plaisirs ils payèrent leurs peines.
65 Amants, heureux amants, voulez-vous voyager ?
Que ce soit aux rives prochaines ;
Soyez-vous l'un à l'autre un monde toujours beau,
Toujours divers, toujours nouveau ;
Tenez-vous lieu de tout, comptez pour rien le reste ;
70 J'ai quelquefois[3] aimé ! je n'aurais pas alors,
Contre le Louvre et ses trésors,
Contre le firmament et sa voûte céleste,
Changé les bois, changé les lieux
Honorés par les pas, éclairés par les yeux
75 De l'aimable et jeune bergère,
Pour qui sous le fils de Cythère[4]
Je servis, engagé par mes premiers serments.
Hélas ! quand reviendront de semblables moments ?
Faut-il que tant d'objets[5] si doux et si charmants
80 Me laissent vivre au gré de mon âme inquiète ?
Ah si mon cœur osait encor se renflammer !
Ne sentirai-je plus de charme[6] qui m'arrête[7] ?
Ai-je passé le temps d'aimer ?

---

1. **Volatile :** le mot est féminin à l'époque.
2. **Que :** tant.
3. **Quelquefois :** une fois.
4. **Fils de Cythère :** amour. Cythère était une île de la Grèce consacrée à Vénus, déesse de l'amour.
5. **Objets :** personnes aimées (sens précieux).
6. **Charme :** force magique, envoûtement.
7. **M'arrête :** me fixe.

4. Le Gland et la Citrouille

Dieu fait bien ce qu'il fait. Sans en chercher la preuve
En tout cet Univers, et l'aller parcourant,
      Dans les Citrouilles je la treuve[1].
      Un villageois, considérant
5 Combien ce fruit est gros, et sa tige menue,
« À quoi songeait, dit-il, l'Auteur de tout cela ?
Il a bien mal placé cette Citrouille-là :
      Hé parbleu, je l'aurais pendue
      À l'un des chênes que voilà.
10 C'eût été justement l'affaire ;
      Tel fruit, tel arbre, pour bien faire.
C'est dommage, Garo, que tu n'es point entré
Au conseil[2] de celui que prêche ton Curé ;
Tout en eût été mieux ; car pourquoi par exemple
15 Le Gland, qui n'est pas gros comme mon petit doigt,
      Ne pend-il pas en cet endroit ?
      Dieu s'est mépris ; plus je contemple
Ces fruits ainsi placés, plus il semble à Garo
      Que l'on a fait un quiproquo[3]. »
20 Cette réflexion embarrassant notre homme :
« On ne dort point, dit-il, quand on a tant d'esprit. »
Sous un chêne aussitôt il va prendre son somme.
Un gland tombe ; le nez du dormeur en pâtit.
Il s'éveille ; et portant la main sur son visage,
25 Il trouve encor le Gland pris au poil du menton.
Son nez meurtri le force à changer de langage ;
« Oh, oh, dit-il, je saigne ! et que serait-ce donc
S'il fût tombé de l'arbre une masse plus lourde,
      Et que ce Gland eût été gourde[4] ?
30 Dieu ne l'a pas voulu : sans doute il eut raison ;

---

1. **Treuve :** trouve ; cette ancienne graphie est conservée pour la rime.
2. **Tu n'es point entré au conseil :** tu n'as pas pris part aux décisions (de Dieu).
3. **Quiproquo :** erreur (de prendre une chose pour une autre).
4. **Gourde :** courge, potiron.

J'en vois bien à présent la cause. »
En louant Dieu de toute chose,
Garo retourne à la maison.

5. L'Écolier, le Pédant, et le Maître d'un jardin

Certain enfant qui sentait[1] son Collège,
Doublement sot, et doublement fripon,
Par le jeune âge, et par le privilège
Qu'ont les Pédants[2] de gâter la raison,
5 Chez un voisin dérobait, ce dit-on,
Et fleurs et fruits. Ce voisin, en Automne,
Des plus beaux dons que nous offre Pomone[3]
Avait la fleur[4], les autres le rebut.
Chaque saison apportait son tribut :
10 Car au Printemps il jouissait encore
Des plus beaux dons que nous présente Flore[5].
Un jour dans son jardin il vit notre Écolier,
Qui grimpant sans égard sur un arbre fruitier,
Gâtait jusqu'aux boutons[6], douce et frêle espérance,
15 Avant-coureurs des biens que promet l'abondance.
Même il ébranchait[7] l'arbre, et fit tant à la fin
Que le possesseur du jardin
Envoya faire plainte au maître de la Classe.
Celui-ci vint suivi d'un cortège d'enfants.
20 Voilà le verger plein de gens
Pires que le premier. Le Pédant de sa grâce[8]

---

1. **Sentait son collège :** présentait les caractères d'un collégien.
2. **Pédants :** ceux qui enseignent aux enfants.
3. **Pomone :** déesse des Fruits dans la mythologie grecque.
4. **La fleur :** la meilleure part.
5. **Flore :** déesse des Fleurs dans la mythologie grecque.
6. **Boutons :** bourgeons.
7. **Ébranchait :** coupait les branches (de).
8. **De sa grâce :** de sa propre initiative.

Accrut le mal en amenant
Cette jeunesse mal instruite :
Le tout, à ce qu'il dit, pour faire un châtiment
25   Qui pût servir d'exemple ; et dont toute sa suite
Se souvînt à jamais comme d'une leçon.
Là-dessus il cita Virgile et Cicéron[1],
Avec force[2] traits de science.
Son discours dura tant que la maudite engeance[3]
30   Eut le temps de gâter en cent lieux le jardin.
Je hais les pièces[4] d'éloquence
Hors de leur place, et qui n'ont point de fin ;
Et ne sais bête au monde pire
Que l'Écolier, si ce n'est le Pédant.
35   Le meilleur de ces deux pour voisin, à vrai dire,
Ne me plairait aucunement.

---

1. **Virgile et Cicéron :** deux auteurs latins, un poète et un orateur, que l'on étudiait dans les écoles.
2. **Force :** beaucoup de.
3. **Engeance :** espèce au sens péjoratif.
4. **Pièces :** morceaux.

L'Écolier, le Pédant, et le Maître d'un jardin, gravure de L. Le Grand
d'après Jean-Baptiste Oudry, XVIIIe siècle.

7. La Souris métamorphosée en fille

Une Souris tomba du bec d'un Chat-Huant :
        Je ne l'eusse pas ramassée ;
Mais un Bramin[1] le fit ; je le crois aisément ;
        Chaque pays a sa pensée.
5   La Souris était fort froissée[2] :
        De cette sorte de prochain[3]
Nous nous soucions peu : mais le peuple Bramin
        Le traite en frère ; ils ont en tête
        Que notre âme au sortir d'un Roi
10 Entre dans un ciron[4], ou dans telle autre bête
Qu'il plaît au sort ; C'est là l'un des points de leur loi.
Pythagore[5] chez eux a puisé ce mystère.
Sur un tel fondement le Bramin crut bien faire
De prier un Sorcier qu'il logeât la Souris
15 Dans un corps qu'elle eût eu pour hôte[6] au temps jadis.
        Le sorcier en fit une fille
De l'âge de quinze ans, et telle, et si gentille,
Que le fils de Priam[7] pour elle aurait tenté
Plus encor qu'il ne fit pour la grecque beauté.
20 Le Bramin fut surpris de chose si nouvelle.
        Il dit à cet objet[8] si doux :
« Vous n'avez qu'à choisir ; car chacun est jaloux
        De l'honneur d'être votre époux.
        – En ce cas je donne, dit-elle,
25   Ma voix au plus puissant de tous.

---

1. **Bramin :** brahmane, religieux de l'Inde.
2. **Froissée :** blessée.
3. **Prochain :** frère, au sens chrétien ; employé ironiquement ici.
4. **Ciron :** le plus petit des animaux.
5. **Pythagore :** philosophe grec du IVe siècle av. J.-C., diffuseur de la doctrine de la *métempsycose*, ou réincarnation, dont l'origine serait indienne.
6. **Hôte :** celui qui reçoit.
7. **Le fils de Priam :** Pâris, qui, en enlevant Hélène (la « grecque beauté » du vers 19), aurait déclenché la guerre de Troie.
8. **Objet :** femme aimée (sens précieux).

– Soleil, s'écria lors le Bramin à genoux,
      C'est toi qui seras notre gendre.
      – Non, dit-il, ce nuage épais
Est plus puissant que moi, puisqu'il cache mes traits ;
30   Je vous conseille de le prendre.
– Eh bien, dit le Bramin au nuage volant,
Es-tu né pour ma fille ? – Hélas non ; car le vent
Me chasse à son plaisir de contrée en contrée ;
Je n'entreprendrai point sur les droits de Borée[1]. »
35   Le Bramin fâché s'écria :
      « Ô vent, donc, puisque vent y a,
      Viens dans les bras de notre belle. »
Il accourait : un mont en chemin l'arrêta.
      L'éteuf[2] passant à celui-là,
40 Il le renvoie et dit : « J'aurais une querelle
      Avec le Rat, et l'offenser
Ce serait être fou, lui qui peut me percer. »
      Au mot de Rat la Demoiselle
      Ouvrit l'oreille ; il fut l'époux :
45   Un Rat ! un Rat ; c'est de ces coups
      Qu'Amour fait, témoin telle et telle :
      Mais ceci soit dit entre nous.
On tient toujours du lieu[3] dont on vient : cette Fable
Prouve assez bien ce point : mais à la voir de près
50 Quelque peu de sophisme[4] entre parmi ses traits :
Car quel époux n'est point au Soleil préférable
En s'y prenant ainsi ? dirai-je qu'un géant
Est moins fort qu'une puce ? Elle le mord pourtant.
Le Rat devait aussi renvoyer, pour bien faire
55   La belle au chat, le chat au chien,
      Le chien au loup. Par le moyen
De cet argument circulaire

---

1. **Borée :** dieu du Vent du Nord dans la mythologie grecque.
2. **L'éteuf :** la balle au jeu de paume.
3. **Lieu :** origine.
4. **Sophisme :** faux raisonnement.

Pilpay[1] jusqu'au Soleil eût enfin remonté ;
Le Soleil eût joui de la jeune beauté.
60 Revenons s'il se peut à la métempsycose :
Le Sorcier du Bramin fit sans doute[2] une chose
Qui, loin de la prouver, fait voir sa fausseté.
Je prends droit là-dessus[3] contre le Bramin même ;
    Car il faut selon son système,
65 Que l'homme, la souris, le ver, enfin chacun
Aille puiser son âme en un trésor commun :
      Toutes sont donc de même trempe[4] ;
      Mais agissant diversement
      Selon l'organe[5] seulement
70   L'une s'élève, et l'autre rampe.
D'où vient donc que ce corps si bien organisé
    Ne put obliger son hôtesse
De s'unir au Soleil, un Rat eut sa tendresse ?
    Tout débattu, tout bien pesé,
75 Les âmes des Souris et les âmes des belles
    Sont très différentes entre elles.
Il en faut revenir toujours à son destin,
C'est-à-dire, à la loi par le Ciel établie.
    Parlez au diable, employez la magie,
80 Vous ne détournerez nul être de sa fin[6].

---

1. **Pilpay :** Brahmane du VIIe siècle qui traduisit en arabe des fables indiennes.
2. **Sans doute :** sans aucun doute.
3. **Je prends droit là-dessus :** je me réfère à ces exemples.
4. **Trempe :** nature, tempérament.
5. **L'organe :** le corps.
6. **Fin :** but, au sens de destin.

9. L'Huître et les Plaideurs

Un jour deux Pèlerins[1] sur le sable rencontrent
Une Huître que le flot y venait d'apporter :
Ils l'avalent des yeux, du doigt ils se la montrent ;
À l'égard de la dent il fallut contester[2].
5 L'un se baissait déjà pour amasser[3] la proie ;
L'autre le pousse, et dit : « Il est bon de savoir
   Qui de nous en aura la joie.
Celui qui le premier a pu l'apercevoir
En sera le gobeur[4] ; l'autre le verra faire.
10   – Si par là l'on juge l'affaire,
Reprit son compagnon, j'ai l'œil bon. Dieu merci.
   – Je ne l'ai pas mauvais aussi,
Dit l'autre, et je l'ai vue avant vous, sur ma vie.
– Eh, bien ! vous l'avez vue, et moi je l'ai sentie. »
15   Pendant tout ce bel incident,
Perrin Dandin[5] arrive : ils le prennent pour juge.
Perrin fort gravement ouvre l'Huître, et la gruge[6],
   Nos deux Messieurs le regardant.
Ce repas fait, il dit d'un ton de Président :
20 « Tenez, la Cour vous donne à chacun une écaille
Sans dépens[7], et qu'en paix chacun chez soi s'en aille. »
Mettez[8] ce qu'il en coûte à plaider aujourd'hui ;
Comptez ce qu'il en reste à beaucoup de familles ;
Vous verrez que Perrin tire l'argent à lui,
25 Et ne laisse aux plaideurs que le sac et les quilles[9].

---

1. **Pèlerins :** voyageurs.
2. **Contester :** débattre, se quereller.
3. **Amasser :** ramasser.
4. **Gobeur :** qui avale, mot inventé par La Fontaine.
5. **Perrin Dandin :** ce personnage apparaît dans Rabelais (*Tiers Livre*, 41) et le nom est repris par Racine dans sa comédie *Les Plaideurs* (1668).
6. **Gruge :** mange. Le verbe « gruger » signifie aussi « dépouiller, voler », ce qui était reproché à la justice.
7. **Dépens :** frais de justice.
8. **Mettez :** voyez.
9. **Le sac et les quilles :** l'emballage et les éléments du jeu dont le juge a tiré profit.

11. Rien de trop

Je ne vois point de créature
Se comporter modérément.
Il est certain tempérament[1]
Que le maître de la nature
5 Veut que l'on garde en tout. Le fait-on ? Nullement.
Soit en bien, soit en mal, cela n'arrive guère.
Le blé, riche présent de la blonde Cérès[2]
Trop touffu bien souvent épuise les guérets[3] :
En superfluités[4] s'épandant d'ordinaire,
10 　　　Et poussant trop abondamment,
　　　Il ôte à son fruit l'aliment[5].
L'arbre n'en fait pas moins ; tant le luxe sait plaire.
Pour corriger le blé, Dieu permit aux moutons
De retrancher l'excès des prodigues moissons.
15 　　　Tout au travers ils se jetèrent,
　　　Gâtèrent tout, et tout broutèrent ;
　　　Tant que le Ciel permit aux Loups
D'en croquer quelques-uns ; ils les croquèrent tous.
S'ils ne le firent pas, du moins ils y tâchèrent :
20 　　　Puis le Ciel permit aux humains
De punir ces derniers : les humains abusèrent
　　　À leur tour des ordres divins.
De tous les animaux l'homme a le plus de pente[6]
　　　À se porter dedans l'excès.
25 　　　Il faudrait faire le procès
Aux petits comme aux grands. Il n'est âme vivante
Qui ne pèche en ceci. Rien de trop est un point
Dont on parle sans cesse, et qu'on n'observe point.

---

1. **Tempérament :** capacité à rester mesuré.
2. **Cérès :** déesse des moissons pour les Latins.
3. **Guérets :** terres difficiles à cultiver.
4. **Superfluités :** choses superflues.
5. **Il ôte à son fruit l'aliment :** il empêche l'épi de produire.
6. **Pente :** penchant, tendance.

Livre dixième

2. La Tortue et les deux Canards

Une Tortue était[1], à la tête légère,
Qui, lasse de son trou, voulut voir le pays.
Volontiers on fait cas d'une terre étrangère :
Volontiers gens boiteux haïssent le logis.
5   Deux Canards à qui la Commère
       Communiqua ce beau dessein,
Lui dirent qu'ils avaient de quoi la satisfaire :
       « Voyez-vous ce large chemin ?
Nous vous voiturerons, par l'air, en Amérique.
10   Vous verrez mainte République[2],
Maint Royaume, maint peuple ; et vous profiterez
Des différentes mœurs que vous remarquerez.
Ulysse[3] en fit autant. » On ne s'attendait guère
       De voir Ulysse en cette affaire.
15 La Tortue écouta la proposition.
Marché fait[4], les oiseaux forgent une machine[5]
       Pour transporter la pèlerine[6].
Dans la gueule en travers on lui passe un bâton.
« Serrez bien, dirent-ils ; gardez de[7] lâcher prise.
20 Puis chaque Canard prend ce bâton par un bout.
La Tortue enlevée on s'étonne partout

---

1. **Une Tortue était :** il était une Tortue.
2. **Mainte République :** de nombreux pays.
3. **Ulysse :** héros de *L'Odyssée* qui erra pendant dix ans sur les flots, moins par désir de découvrir que par impossibilité de rentrer dans son île natale.
4. **Marché fait :** une fois le marché conclu.
5. **Machine :** engin, dispositif.
6. **Pèlerine :** voyageuse.
7. **Gardez de :** gardez-vous de.

De voir aller en cette guise[1]
L'animal lent et sa maison,
Justement[2] au milieu de l'un et l'autre Oison[3].
25 « Miracle, criait-on ; venez voir dans les nues
Passer la Reine des Tortues.
– La Reine. Vraiment oui. Je la suis en effet ;
Ne vous en moquez point. » Elle eût beaucoup mieux fait
De passer son chemin sans dire aucune chose ;
30 Car lâchant le bâton en desserrant les dents,
Elle tombe, elle crève aux pieds des regardants[4].
Son indiscrétion[5] de sa perte fut cause.
Imprudence, babil, et sotte vanité,
Et vaine curiosité
35 Ont ensemble étroit parentage[6] ;
Ce sont enfants tous d'un lignage[7].

5. Le Loup et les Bergers

Un Loup rempli d'humanité
(S'il en est de tels dans le monde)
Fit un jour sur sa cruauté,
Quoiqu'il ne l'exerçât que par nécessité,
5 Une réflexion profonde.
« Je suis haï, dit-il, et de qui ? de chacun.
Le Loup est l'ennemi commun :
Chiens, Chasseurs, Villageois, s'assemblent pour sa perte.
Jupiter[8] est là-haut étourdi de leurs cris :

---

1. **Guise :** façon.
2. **Justement :** exactement.
3. **Oison :** littéralement, petite oie. Petit oiseau ici.
4. **Regardants :** ceux qui regardent.
5. **Indiscrétion :** manque de sagesse.
6. **Parentage :** parenté.
7. **Lignage :** famille.
8. **Jupiter :** dieu des dieux dans la mythologie latine (Zeus chez les Grecs).

10 C'est par là[1] que de Loups l'Angleterre est déserte :
       On y mit notre tête à prix.
       Il n'est hobereau[2] qui ne fasse
       Contre nous tels bans[3] publier :
       Il n'est marmot[4] osant crier
15 Que du Loup aussitôt sa mère ne menace.
       Le tout pour un Âne rogneux[5],
Pour un Mouton pourri[6], pour quelque Chien hargneux,
       Dont j'aurai passé mon envie.
Et bien, ne mangeons plus de chose ayant eu vie :
20 Paissons l'herbe, broutons, mourons de faim plutôt :
       Est-ce une chose si cruelle ?
Vaut-il mieux s'attirer la haine universelle ? »
Disant ces mots il vit des Bergers pour leur rôt[7]
       Mangeants un agneau cuit en broche.
25   « Oh, oh, dit-il, je me reproche
Le sang de cette gent[8] ; Voilà ses gardiens
       S'en repaissants, eux et leurs chiens ;
       Et moi, Loup j'en ferai scrupule ?
Non, par tous les Dieux non ; je serais ridicule.
30   Thibaut l'agnelet passera[9],
       Sans qu'à la broche je le mette ;
Et non seulement lui, mais la mère qu'il tette,
       Et le père qui l'engendra. »
Ce Loup avait raison : est-il dit[10] qu'on nous voie
35   Faire festin de toute proie,

---

1. **Par là :** à cause de cela. Les loups d'Angleterre furent décimés au Xe siècle car ils remplacèrent le tribut payé au roi.
2. **Hobereau :** petit seigneur campagnard.
3. **Bans :** proclamations publiques de bannissement.
4. **Marmot :** enfant.
5. **Rogneux :** malade (de « rogne », sorte de gale).
6. **Pourri :** atteint de maladie.
7. **Rôt :** rôti et, par extension, toute nourriture.
8. **Gent :** espèce, race.
9. **Passera :** sera tué et mangé.
10. **Est-il dit :** dira-t-on.

Manger les animaux, et nous les réduirons
Aux mets de l'âge d'or autant que nous pourrons ?
Ils n'auront ni croc[1] ni marmite ?
Bergers, bergers, le loup n'a tort
40 Que quand il n'est pas le plus fort :
Voulez-vous qu'il vive en ermite ?

12. La Lionne et l'Ourse

Mère Lionne avait perdu son faon[2].
Un chasseur l'avait pris. La pauvre infortunée
Poussait un tel rugissement
Que toute la Forêt était importunée.
5 La nuit ni son obscurité,
Son silence et ses autres charmes[3],
De la Reine des bois n'arrêtait les vacarmes.
Nul animal n'était du sommeil visité.
L'Ourse enfin lui dit : « Ma commère[4],
10 Un mot sans plus ; tous les enfants
Qui sont passés entre vos dents,
N'avaient-ils ni père ni mère ?
– Ils en avaient. – S'il est ainsi,
Et qu'aucun de leur mort n'ait nos têtes rompues,
15 Si tant de mères se sont tues,
Que ne vous taisez-vous aussi ?
– Moi me taire ? moi, malheureuse !
Ah j'ai perdu mon fils ! Il me faudra traîner
Une vieillesse douloureuse !
20 – Dites-moi, qui vous force à vous y condamner ?
– Hélas ! c'est le Destin qui me hait. » Ces paroles
Ont été de tout temps en la bouche de tous.

---

1. **Croc :** crochet de boucherie où est suspendue la viande.
2. **Faon :** au sens de petit d'un animal. Ici, lionceau.
3. **Charmes :** forces magiques.
4. **Commère** : appellation familière à la campagne.

Misérables[1] humains, ceci s'adresse à vous :
Je n'entends résonner que des plaintes frivoles.
25 Quiconque[2] en pareil cas se croit haï des Cieux,
Qu'il considère Hécube[3], il rendra grâce aux Dieux.

14. Discours à Monsieur le Duc de La Rochefoucauld

Je me suis souvent dit, voyant de quelle sorte
        L'homme agit et qu'il se comporte
En mille occasions, comme les animaux :
Le Roi[4] de ces gens-là n'a pas moins de défauts
5   Que ses sujets, et la nature
        A mis dans chaque créature
Quelque grain d'une masse où puisent les esprits :
J'entends les esprits corps, et pétris de matière.
        Je vais prouver ce que je dis.
10 À l'heure de l'affût[5], soit lorsque la lumière
Précipite ses traits dans l'humide séjour[6] ;
Soit lorsque le Soleil rentre dans sa carrière[7],
Et que, n'étant plus nuit il n'est pas encor jour,
Au bord de quelque bois sur un arbre je grimpe ;
15 Et nouveau Jupiter du haut de cet olympe[8],
        Je foudroie à discrétion
        Un lapin qui n'y pensait guère.
Je vois fuir aussitôt toute la nation
        Des lapins qui sur la Bruyère,

---

1. **Misérables :** dignes de pitié.
2. **Quiconque :** si quelqu'un.
3. **Hécube :** reine de Troie, épouse de Priam, dont de nombreux enfants périrent à la guerre.
4. **Le roi :** l'homme, considéré comme le roi des animaux.
5. **À l'heure de l'affût :** au moment de la chasse à l'affût, vers la soirée.
6. **Humide séjour :** mer.
7. **Carrière :** trajet.
8. **Olympe :** montagne de Grèce où siégeait le dieu des dieux, Zeus (ou Jupiter pour les Latins).

20   L'œil éveillé, l'oreille au guet,
S'égayaient[1], et de thym parfumaient leur banquet.
         Le bruit du coup fait que la bande
         S'en va chercher sa sûreté
         Dans la souterraine cité :
25 Mais le danger s'oublie, et cette peur si grande
S'évanouit bientôt. Je revois les lapins
Plus gais qu'auparavant revenir sous mes mains[2].
Ne reconnaît-on pas en cela les humains ?
         Dispersés par quelque orage
30   À peine ils touchent le port,
         Qu'ils vont hasarder[3] encor
         Même vent, même naufrage.
         Vrais lapins, on les revoit
         Sous les mains de la fortune[4].
35 Joignons à cet exemple une chose commune.
Quand des chiens étrangers passent par quelque endroit
         Qui n'est pas de leur détroit[5],
         Je laisse à penser quelle fête.
         Les chiens du lieu n'ayants en tête
40 Qu'un intérêt de gueule, à cris, à coups de dents,
         Vous accompagnent ces passants
         Jusqu'aux confins du territoire.
Un intérêt de biens, de grandeur, et de gloire,
Aux Gouverneurs d'États, à certains courtisans,
45 À gens de tous métiers en fait tout autant faire.
         On nous voit tous, pour l'ordinaire,
Piller le survenant[6], nous jeter sur sa peau.
La coquette et l'auteur sont de ce caractère ;
         Malheur à l'écrivain nouveau.
50 Le moins de gens qu'on peut à l'entour du gâteau,

---

1. **S'égayaient :** se dispersaient.
2. **Sous mes mains :** à ma portée.
3. **Hasarder :** affronter.
4. **Fortune :** destin.
5. **Détroit :** territoire.
6. **Piller le survenant :** se jeter sur celui qui survient.

C'est le droit du jeu[1], c'est l'affaire[2].
Cent exemples pourraient appuyer mon discours ;
  Mais les ouvrages les plus courts
Sont toujours les meilleurs. En cela j'ai pour guides
55 Tous les maîtres de l'art, et tiens qu'il faut laisser
Dans les plus beaux sujets quelque chose à penser :
  Ainsi ce discours doit cesser.
Vous qui m'avez donné ce qu'il a de solide,
Et dont la modestie égale la grandeur,
60 Qui ne pûtes jamais écouter sans pudeur
  La louange la plus permise,
  La plus juste et la mieux acquise,
Vous enfin dont à peine ai-je encore obtenu
Que votre nom reçût ici quelques hommages[3],
65 Du temps et des censeurs défendant mes ouvrages,
Comme un nom[4] qui, des ans et des peuples connu,
Fait honneur à la France, en grands noms plus féconde
  Qu'aucun climat de l'Univers,
Permettez-moi du moins d'apprendre à tout le monde
70 Que vous m'avez donné le sujet de ces Vers.

---

1. **Droit du jeu :** règle du jeu.
2. **Affaire :** sujet principal.
3. **Hommages :** la première fable du Livre II est dédiée à La Rochefoucauld.
4. **Un nom :** celui de La Rochefoucauld est célèbre par la gloire de ses ancêtres.

Clefs d'analyse

Action et personnages

1. Quelles sont les causes du départ du Pigeon dans la fable 2 du Livre IX ?

2. Comment définiriez-vous le caractère de Garo dans la fable 4 du Livre IX ?

3. Quelles sont les diverses parties qui composent la fable 9 du Livre IX ?

4. Lequel des quatre défauts attribués à la Tortue dans la morale de la fable 2 du Livre X vous paraît-il le plus grave ?

5. Comment est construite la fable 5 du Livre X ?

Langue

6. Comment définiriez-vous la tonalité générale de la fable 2 du Livre IX ?

7. Commentez l'effet comique de la moralité de la fable 4 du Livre IX.

8. Dans la même fable 4, il est question d'un « quiproquo » (vers 19). Le mot est-il bien employé ? Quel sens lui donne-t-on habituellement ?

9. Trouvez des mots appartenant à la même famille que le terme « pédant » (IX, 5).

Genre ou thèmes

10. « Je hais les pièces d'éloquence », est-il dit au vers 21 de la fable 5 du Livre IX. La Fontaine, dans ses *Fables*, pourrait-il faire sienne cette affirmation ?

11. Quelle valeur symbolique attribuez-vous au jardin ? (IX, 5).

12. En quoi la fable *Rien de trop* (IX, 11) diffère-t-elle des autres ?

13. Quelles qualités littéraires sont vantées dans la fable 14 du Livre X ?

Écriture

14. Le Pigeon de la fable 2 du Livre IX, à son retour, fait part à son ami des enseignements de son voyage.

15. Rédigez la lettre de plainte que le propriétaire du jardin de la fable 5 du Livre IX envoie au maître de la classe (vers 18).

16. À partir de la même fable (IX, 5), rédigez le « discours » (vers 29) prononcé par le Pédant.

17. Relevez les arguments qui illustrent la relation de l'homme à l'animal dans la fable 8 du Livre IX.

Pour aller plus loin

18. Recherchez, dans une biographie de La Fontaine, les éléments qui peuvent vérifier les confidences de la fable 2 du Livre IX : humeur inquiète, expérience de l'amour, poids de l'âge, etc.

19. Retrouvez la fable de Boileau sur le même sujet que *L'Huître et les Plaideurs* (IX, 9) et comparez-la à celle de La Fontaine.

20. Lisez la comédie de Racine *Les Plaideurs* et trouvez-y des parentés avec la fable 9 du Livre IX.

21. Faites une recherche pour savoir qui était La Rochefoucauld à qui est dédiée la fable 14 du Livre X.

✳ À retenir

Le siècle classique répugne à la confidence personnelle en art. Sur ce point, La Fontaine, généralement très discret sur lui-même, est capable d'enfreindre cette règle en consentant à nous livrer quelques aveux personnels. Ce lyrisme (façon de parler de soi-même), preuve de sincérité, nous révèle un homme sensible, mélancolique, qui ne limite pas son projet à la moquerie ou à la volonté édifiante.

Livre onzième

4. Le Songe d'un Habitant du Mogol

Jadis certain Mogol[1] vit en songe un Vizir[2]
Aux champs Élysiens[3] possesseur d'un plaisir
Aussi pur qu'infini, tant en prix qu'en durée ;
Le même songeur[4] vit en une autre contrée
      Un Ermite entouré de feux[5],
Qui touchait de pitié même les malheureux.
Le cas parut étrange, et contre l'ordinaire ;
Minos[6] en ces deux morts semblait s'être mépris.
Le dormeur s'éveilla, tant il en fut surpris.
Dans ce songe pourtant soupçonnant du mystère,
      Il se fit expliquer l'affaire.
L'interprète lui dit : « Ne vous étonnez point,
Votre songe a du sens, et, si j'ai sur ce point
      Acquis tant soit peu d'habitude,
C'est un avis des Dieux. Pendant l'humain séjour[7],
Ce Vizir quelquefois cherchait la solitude ;
Cet Ermite aux Vizirs allait faire sa cour. »

Si J'osais ajouter au mot de l'interprète,
J'inspirerais ici l'amour de la retraite[8] :
Elle offre à ses amants des biens sans embarras,
Biens purs, présents du Ciel, qui naissent sous les pas.

---

1. **Mogol** : empire oriental situé aux environs de l'Inde, ou, comme ici, celui qui l'habite.
2. **Vizir** : dignitaire oriental.
3. **Champs Élysiens** : ou Champs Élyséens, séjour des morts dans l'Antiquité.
4. **Songeur** : celui qui fait ce rêve.
5. **Feux** : ceux de l'enfer – que ne mérite pas l'ermite.
6. **Minos** : un des juges des enfers dans la mythologie grecque.
7. **L'humain séjour** : la vie parmi les hommes.
8. **Retraite** : acte qui consiste à se retirer du monde.

Livre onzième

Solitude où je trouve une douceur secrète,
Lieux que j'aimai toujours, ne pourrai-je jamais,
25 Loin du monde et du bruit, goûter l'ombre et le frais ?
Ô qui m'arrêtera sous vos sombres asiles !
Quand pourront les neuf Sœurs[1], loin des cours et des Villes,
M'occuper tout entier, et m'apprendre des Cieux
Les divers mouvements inconnus à nos yeux,
30 Les noms et les vertus de ces clartés errantes[2]
Par qui sont nos destins et nos mœurs différentes ?
Que si je ne suis né pour de si grands projets,
Du moins que les ruisseaux m'offrent de doux objets[3] !
Que je peigne en mes Vers quelque rive fleurie !
35 La Parque[4] à filets d'or n'ourdira[5] point ma vie ;
Je ne dormirai point sous de riches lambris[6].
Mais voit-on que le somme en perde de son prix ?
En est-il moins profond, et moins plein de délices ?
Je lui voue au désert de nouveaux sacrifices[7].
40 Quand le moment viendra d'aller trouver les morts,
J'aurai vécu sans soins[8], et mourrai sans remords.

---

1. **Neuf Sœurs :** les Muses, protectrices des arts.
2. **Clartés errantes :** planètes.
3. **Objets :** sujets d'inspiration.
4. **Parque :** l'une des trois divinités, dans la mythologie grecque, qui présidait à la vie humaine.
5. **Ourdira :** tissera, fonction de l'une des Parques, l'autre filant, la troisième coupant le fil. Ce travail se fait à l'aide de fils (« filets ») d'or.
6. **Lambris :** éléments décoratifs de bois peint qui recouvraient les murs des palais.
7. **Je lui voue… sacrifices :** dans ma retraite, j'offrirai, en me reposant, des sacrifices au sommeil.
8. **Soins :** soucis.

8. Le Vieillard et les trois jeunes Hommes

Un octogénaire plantait.
« Passe encor de bâtir ; mais planter à cet âge ! »
Disaient trois jouvenceaux[1], enfants du voisinage ;
     Assurément il radotait[2].
5   « Car, au nom des Dieux, je vous prie,
Quel fruit de ce labeur pouvez-vous recueillir ?
Autant qu'un Patriarche[3] il vous faudrait vieillir.
     À quoi bon charger votre vie
Des soins[4] d'un avenir qui n'est pas fait pour vous ?
10 Ne songez désormais qu'à vos erreurs passées :
Quittez le long espoir, et les vastes pensées ;
     Tout cela ne convient qu'à nous.
     – Il[5] ne convient pas à vous-mêmes,
Repartit le Vieillard. Tout établissement[6]
15 Vient tard[7] et dure peu. La main des Parques[8] blêmes
De vos jours, et des miens se joue également.
Nos termes[9] sont pareils par leur courte durée.
Qui de nous des clartés de la voûte azurée
Doit jouir le dernier ? Est-il aucun[10] moment
20 Qui vous puisse assurer d'un second seulement ?
Mes arrière-neveux[11] me devront cet ombrage :
     Hé bien défendez-vous au Sage
De se donner des soins pour le plaisir d'autrui ?

---

1. **Jouvenceaux :** jeunes gens, dans un sens familier et ironique.
2. **Il radotait :** pour eux, il radotait (style indirect libre).
3. **Patriarche :** personnage de vieillard comme on en rencontre dans la Bible.
4. **Soins :** soucis.
5. **Il :** cela.
6. **Établissement :** création de l'homme.
7. **Tard :** trop tard.
8. **Les Parques :** les trois divinités qui présidaient au cours de la vie des hommes.
9. **Termes :** bornes, limites de la vie.
10. **Aucun :** un seul.
11. **Arrière-neveux :** descendance au sens large.

Cela même est un fruit que je goûte aujourd'hui :
25   J'en puis jouir demain, et quelques jours encore :
        Je puis enfin compter l'Aurore
        Plus d'une fois sur vos tombeaux. »
Le Vieillard eut raison ; l'un des trois jouvenceaux
Se noya dès le port allant à l'[1]Amérique.
30   L'autre, afin de monter aux grandes dignités,
Dans les emplois de Mars[2] servant la République[3],
Par un coup imprévu vit ses jours emportés.
        Le troisième tomba d'un arbre
        Que lui-même il voulut enter[4] :
35   Et pleurés du Vieillard[5], il grava sur leur marbre
        Ce que je viens de raconter.

---

1. **À l'** : en.
2. **Emplois de Mars** : métier de soldat (Mars était le dieu de la Guerre à Rome).
3. **La République** : l'État, au sens général.
4. **Enter** : greffer.
5. **Pleurés du Vieillard** : alors qu'il les pleurait.

Le Vieillard et les trois jeunes Hommes, gravure de Gustave Doré, XIXe siècle.

Livre douzième

4. Les deux Chèvres

Dès que les Chèvres ont brouté,
Certain esprit de liberté
Leur fait chercher fortune ; elles vont en voyage
Vers les endroits du pâturage
5   Les moins fréquentés des humains.
Là s'il est quelque lieu sans route et sans chemins,
Un rocher, quelque mont pendant en précipices,
C'est où ces Dames vont promener leurs caprices ;
Rien ne peut arrêter cet animal grimpant.
10   Deux Chèvres donc s'émancipant,
Toutes deux ayant patte blanche,
Quittèrent les bas prés, chacune de sa part[1].
L'une vers l'autre allait pour[2] quelque bon hasard.
Un ruisseau se rencontre, et pour pont une planche ;
15 Deux Belettes à peine auraient passé de front
       Sur ce pont :
D'ailleurs, l'onde rapide et le ruisseau profond
Devaient faire trembler de peur ces Amazones[3].
Malgré tant de dangers, l'une de ces personnes
20 Pose un pied sur la planche, et l'autre en fait autant.
Je m'imagine voir avec Louis le Grand,
      Philippe Quatre qui s'avance
      Dans l'île de la Conférence[4].

---

1. **De sa part :** de son côté.
2. **Pour :** par.
3. **Amazones :** dans la mythologie, peuple de femmes guerrières.
4. **Île de la Conférence :** île de la Bidassoa (fleuve qui sépare la France et l'Espagne) sur laquelle le roi de France (Louis le Grand) et le roi d'Espagne (Philippe IV) signèrent un traité de paix (paix des Pyrénées).

Ainsi s'avançaient pas à pas,
25   Nez à nez, nos Aventurières,
        Qui, toutes deux étant fort fières,
Vers le milieu du pont ne se voulurent pas
L'une à l'autre céder. Elles avaient la gloire
De compter dans leur race (à ce que dit l'Histoire)
30 L'une certaine Chèvre au mérite sans pair
Dont Polyphème fit présent à Galatée[1] ;
        Et l'autre la chèvre Amalthée,
        Par qui fut nourri Jupiter[2].
Faute de reculer, leur chute fut commune ;
35   Toutes deux tombèrent dans l'eau.
        Cet accident n'est pas nouveau
        Dans le chemin de la Fortune.

9. Le Loup et le Renard

D'où vient que personne en la vie
N'est satisfait de son état ?
Tel voudrait bien être Soldat
À qui le Soldat porte envie.

5   Certain Renard voulut, dit-on,
Se faire Loup. Hé qui peut dire
Que pour le métier de Mouton
Jamais aucun Loup ne soupire ?

Ce qui m'étonne est qu'à huit ans
10 Un Prince en Fable ait mis la chose,
Pendant que sous mes cheveux blancs
Je fabrique à force de temps
Des Vers moins sensés que sa Prose.

---

1. **Galatée** : nymphe de la mythologie dont fut amoureux le cyclope Polyphème.
2. **La chèvre Amalthée... Jupiter :** dans la mythologie, cette chèvre nourrit Jupiter que sa mère avait caché en Crète pour le soustraire aux menaces de son père Saturne.

Les traits dans sa Fable semés
15   Ne sont en l'Ouvrage du Poète
Ni tous, ni si bien exprimés.
Sa louange en est plus complète.

De la chanter sur la Musette[1],
C'est mon talent ; mais je m'attends
20   Que mon Héros, dans peu de temps,
Me fera prendre la trompette.

Je ne suis pas un grand Prophète,
Cependant je lis dans les Cieux
Que bientôt ses faits glorieux
25   Demanderont plusieurs Homères ;
Et ce temps-ci n'en produit guères.
Laissant à part tous ces mystères,
Essayons de conter la Fable avec succès.

Le Renard dit au Loup : « Notre cher, pour tous mets
30   J'ai souvent un vieux Coq, ou de maigres Poulets ;
C'est une viande[2] qui me lasse.
Tu fais meilleure chère avec moins de hasard[3].
J'approche des maisons, tu te tiens à l'écart.
Apprends-moi ton métier. Camarade, de grâce ;
35   Rends-moi le premier de ma race
Qui fournisse son croc[4] de quelque Mouton gras,
Tu ne me mettras point au nombre des ingrats.
– Je le veux, dit le Loup : il m'est mort un mien frère :
Allons prendre sa peau, tu t'en revêtiras. »
40   Il vint, et le Loup dit : « Voici comme il faut faire,
Si tu veux écarter les Mâtins[5] du troupeau. »

---

1. **Musette :** cornemuse.
2. **Viande :** mets, repas.
3. **Hasard :** risque.
4. **Croc :** crochet de boucherie où est suspendue la viande.
5. **Mâtins :** chiens de ferme.

Le Renard, ayant mis la peau,
Répétait les leçons que lui donnait son maître.
D'abord il s'y prit mal, puis un peu mieux, puis bien,
45   Puis enfin il n'y manqua rien.
À peine il fut instruit autant qu'il pouvait l'être,
Qu'un Troupeau s'approcha. Le nouveau Loup y court,
Et répand la terreur dans les lieux d'alentour.
Tel vêtu des armes d'Achille[1]
50 Patrocle mit l'alarme au Camp et dans la Ville.
Mères, Brus[2] et Vieillards au Temple couraient tous.
L'ost[3] au[4] Peuple bêlant crut voir cinquante Loups.
Chien, Berger, et Troupeau, tout fuit vers le Village,
Et laisse seulement une Brebis pour gage.
55 Le larron s'en saisit. À quelque pas de là,
Il entendit chanter un Coq du voisinage.
Le Disciple aussitôt droit au Coq s'en alla,
Jetant bas sa robe de classe,
Oubliant les Brebis, les leçons, le Régent[5],
60   Et courant d'un pas diligent.
Que sert-il qu'on se contrefasse ?
Prétendre ainsi changer est une illusion :
L'on reprend sa première trace
À la première occasion.

65   De votre esprit, que nul autre n'égale,
Prince, ma Muse tient tout entier ce projet.
Vous m'avez donné le sujet,
Le dialogue, et la morale.

---

1. **Achille :** Héros de l'*Iliade* qui prêta ses armes à son ami Patrocle dans la bataille contre les Troyens (chant XVI).
2. **Brus :** belles-filles.
3. **Ost :** armée.
4. **Au :** du.
5. **Le Régent :** celui qui lui avait fait la leçon (le Loup).

20. Le Philosophe Scythe

Un Philosophe austère, et né dans la Scythie[1],
Se proposant de suivre une plus douce vie,
Voyagea chez les Grecs, et vit en certains lieux
Un Sage assez semblable au vieillard de Virgile[2] ;
5   Homme égalant les Rois, homme approchant des Dieux,
Et, comme ces derniers satisfait et tranquille.
Son bonheur consistait aux beautés d'un Jardin.
Le Scythe l'y trouva, qui la serpe[3] à la main,
De ses arbres à fruit retranchait l'inutile,
10   Ébranchait, émondait[4], ôtait ceci, cela,
         Corrigeant partout la Nature,
Excessive à payer ses soins avec usure[5].
         Le Scythe alors lui demanda
Pourquoi cette ruine : était-il d'homme sage[6]
15   De mutiler ainsi ces pauvres habitants[7] ?
« Quittez-moi votre serpe, instrument de dommage.
         Laissez agir la faux du temps :
Ils iront assez tôt border le noir rivage[8].
– J'ôte le superflu, dit l'autre, et l'abattant[9],
20   Le reste en profite d'autant. »
Le Scythe retourné dans sa triste demeure,
Prend la serpe à son tour, coupe et taille à toute heure ;
Conseille à ses voisins, prescrit à ses amis
         Un universel abattis[10].

---

1. **Scythie** : pays situé au nord de la mer Noire qui passait pour être un lieu sauvage. Le philosophe Anarchasis (VIe siècle av. J.-C.) en était originaire.
2. **Virgile** : le poète latin Virgile introduit, dans les *Géorgiques*, un sage vivant dans son jardin en Sicile.
3. **Serpe** : outil servant à couper les mauvaises herbes et les branches.
4. **Émondait** : ôtait les rejets sur les branches.
5. **Excessive à payer... usure** : qui récompensait avec intérêt les travaux.
6. **D'homme sage** : digne d'un homme sage.
7. **Habitants** : les arbres, qui habitent le jardin.
8. **Le noir rivage** : le bord du fleuve de l'enfer.
9. **L'abattant** : tandis que je l'abats.
10. **Abattis** : élagage.

25 Il ôte de chez lui les branches les plus belles,
Il tronque son Verger contre toute raison,
    Sans observer temps ni saison,
    Lunes ni vieilles ni nouvelles.
Tout languit et tout meurt. Ce Scythe exprime bien
30   Un indiscret[1] Stoïcien[2].
    Celui-ci retranche de l'âme
Désirs et passions, le bon et le mauvais,
    Jusqu'aux plus innocents souhaits.
Contre de telles gens, quant à moi je réclame.
35 Ils ôtent à nos cœurs le principal ressort :
Ils font cesser de vivre avant que l'on soit mort.

29. Le Juge arbitre, l'Hospitalier, et le Solitaire

Trois Saints, également jaloux de leur salut,
Portés[3] d'un même esprit, tendaient à même but.
Ils s'y prirent tous trois par des routes diverses.
Tous chemins vont à Rome : ainsi nos Concurrents
5 Crurent pouvoir choisir des sentiers différents.
L'un, touché des soucis, des longueurs, des traverses,
Qu'en apanage[4] on voit aux Procès attachés,
S'offrit de les juger sans récompense aucune,
Peu soigneux d'établir ici-bas sa fortune.
10 Depuis qu'il est des Lois, l'Homme, pour ses péchés,
Se condamne à plaider la moitié de sa vie.
La moitié ? les trois quarts, et bien souvent le tout.
Le conciliateur crut qu'il viendrait à bout
De guérir cette folle et détestable envie.
15 Le second de nos Saints choisit les Hôpitaux.

---

1. **Indiscret :** peu sage.
2. **Stoïcien :** représentant du stoïcisme, doctrine philosophique qui préconise une vie sévère privée de plaisirs et de passions.
3. **Portés :** animés.
4. **Apanage :** conséquence, ce qui va avec.

Je le loue ; et le soin[1] de soulager ces maux
Est une charité que je préfère aux autres.
Les Malades d'alors, étant tels que les nôtres,
Donnaient de l'exercice au pauvre Hospitalier[2] ;
20 Chagrins[3], impatients, et se plaignant sans cesse :
« Il a pour tels et tels un soin particulier ;
      Ce sont ses amis ; il nous laisse. »
Ces plaintes n'étaient rien au prix de l'embarras
Où se trouva réduit l'Appointeur de débats :
25 Aucun n'était content ; la Sentence arbitrale
      À nul des deux ne convenait :
      Jamais le Juge ne tenait
      À leur gré la balance égale.
De semblables discours rebutaient l'Appointeur[4] :
30 Il court aux Hôpitaux, va voir leur Directeur.
Tous deux ne recueillant que plainte et que murmure,
Affligés, et contraints de quitter ces emplois,
Vont confier leur peine au silence des bois.
Là, sous d'âpres rochers, près d'une source pure,
35 Lieu respecté des vents, ignoré du Soleil,
Ils trouvent l'autre Saint, lui demandent conseil.
« Il faut, dit leur ami, le[5] prendre de soi-même.
      Qui mieux que vous sait vos besoins ?
Apprendre à se connaître est le premier des soins
40 Qu'impose à tous mortels la Majesté suprême.
Vous êtes-vous connus[6] dans le monde habité ?
L'on ne le peut qu'aux lieux pleins de tranquillité :
Chercher ailleurs ce bien est une erreur extrême.
      Troublez l'eau ; vous y voyez-vous ?
45 Agitez celle-ci. – Comment nous verrions-nous ?

---

1. **Soin :** souci.
2. **Hospitalier :** religieux qui décide de se consacrer à aider les pauvres et à soigner les malades.
3. **Chagrins :** de mauvaise humeur.
4. **Appointeur :** celui qui arrange un procès.
5. **Le :** le conseil.
6. **Connus :** connus vous-mêmes.

La vase est un épais nuage
Qu'aux effets du cristal nous venons d'opposer.
– Mes Frères, dit le Saint, laissez-la reposer ;
   Vous verrez alors votre image.
50 Pour vous mieux contempler demeurez au désert[1]. »
   Ainsi parla le Solitaire.
Il fut cru, l'on suivit ce conseil salutaire.
Ce n'est pas qu'un emploi ne doive être souffert[2].
Puisqu'on plaide, et qu'on meurt, et qu'on devient malade,
55 Il faut des Médecins, il faut des Avocats.
Ces secours, grâce à Dieu, ne nous manqueront pas ;
Les honneurs et le gain, tout me le persuade.
Cependant on s'oublie en ces communs besoins[3].
O vous dont le Public emporte tous les soins,
60   Magistrats, Princes et Ministres,
Vous que doivent troubler mille accidents sinistres,
Que le malheur abat, que le bonheur corrompt,
Vous ne vous voyez point, vous ne voyez personne.
Si quelque bon moment à ces pensers vous donne,
65   Quelque flatteur vous interrompt.
Cette leçon sera la fin de ces Ouvrages :
Puisse-t-elle être utile aux siècles à venir !
Je la présente aux Rois, je la propose aux Sages :
   Par où saurais-je mieux finir ?

---

1. **Au désert :** dans la solitude.
2. **Ce n'est pas... souffert :** tous les emplois méritent d'exister.
3. **Communs besoins :** qui ne se rapportent pas à soi-même mais aux autres.

Clefs d'analyse

Action et personnages

1. Trouvez la composition de la fable 8 du Livre XI.

2. Comment qualifieriez-vous le caractère des Chèvres de la fable 4 du Livre XII ?

3. À quoi tient l'habileté du Renard dans la fable 9 du Livre XII ?

4. Sur quoi repose le bonheur du Sage de la fable 20 du Livre XII ? En quoi consiste l'erreur du Scythe ?

Langue

5. Quelle est la tonalité dominante dans la fable 4 du Livre XI ?

6. Comment est construit le mot « octogénaire » (XI, 8) ? Trouvez des mots formés de la même façon correspondant à 60 ans, 70 ans, 90 ans.

7. « Assurément il radotait » (vers 4, XI, 8). Comment définiriez-vous le style de ces paroles ?

8. Quelle est la valeur du présent de l'indicatif au début de la fable 4 du Livre XII ?

9. À quoi tient l'humour de la fable 4 du Livre XII ?

10. Quelles remarques de versification pouvez-vous faire à propos de la fable 9 du Livre XII ?

11. Justifiez la métaphore : « la faux du temps » (vers 17, XII, 20).

Genre ou thèmes

12. Quel type de confidence personnelle nous livre la fable 4 du Livre XI ?

13. Comment jugez-vous l'allusion politique de la fable 4 du Livre XII ?

14. Quelles informations sur lui-même nous révèle La Fontaine dans les fables 9 et 20 du Livre XII ?

15. Retrouvez aux Livres II et IX des fables traitant le même sujet que la fable 9 du Livre XII.

16. La fable 29 s'achève sur le verbe « finir ». Quel sens donnez-vous à ce choix ?

Écriture

17. Relevez les arguments en faveur de la retraite exprimés dans la fable 4 du Livre XI.

18. Prenez le contre-pied de cette même fable (XI, 4) et rédigez, en vers éventuellement, l'éloge de la vie active.

19. Rédigez une fable qui manque au recueil : *Le Poète et le Roi*.

Pour aller plus loin

20. Dans la fable 4 du Livre XI, il est question au vers 26 des « neuf sœurs » (les Muses). Faites une recherche pour retrouver le nom et l'attribution des neuf Muses. Même recherche à propos des Parques, dont l'une est citée dans la même fable.

21. Faites une recherche sur la philosophie stoïcienne que condamne La Fontaine dans la fable 20 du Livre XII.

✳ À retenir

La vie de La Fontaine nous apprend qu'il a été le protégé de plusieurs grands seigneurs. Pour exprimer sa reconnaissance, tel un poète de cour, il dédie certaines de ses fables à ses bienfaiteurs ou introduit dans le recueil des discours en forme de remerciements ou d'hommage. Mais il peut aussi se montrer critique avec les Grands et il laisse deviner, dans des allégories, ses préférences politiques.

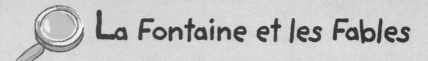

La Fontaine et les Fables

Avez-vous bien lu ?

1. Distinguez, dans les propositions suivantes, celles qui vous paraissent vraies ou fausses :

1. La plupart des *Fables* de La Fontaine prennent leur sujet dans des modèles de l'Antiquité. ☐ Vrai. ☐ Faux.
2. La Fontaine est le premier des fabulistes français.
    ☐ Vrai. ☐ Faux.
3. Les fables ont existé en Inde. ☐ Vrai. ☐ Faux.
4. Les *Fables* sont la première œuvre de La Fontaine.
    ☐ Vrai. ☐ Faux.
5. La Fontaine a composé près de 500 fables.
    ☐ Vrai. ☐ Faux.
6. L'ensemble des *Fables* a été publié en trois recueils successifs.
    ☐ Vrai. ☐ Faux.
7. Beaucoup d'autres écrivains après La Fontaine ont écrit des fables. ☐ Vrai. ☐ Faux.
8. Une fable ne peut pas dépasser 50 vers.
    ☐ Vrai. ☐ Faux.
9. Toutes les fables ne sont pas composées en alexandrins.
    ☐ Vrai. ☐ Faux.
10. Toutes les *Fables* de La Fontaine contiennent une moralité clairement exprimée. ☐ Vrai. ☐ Faux.
11. Les *Fables* peuvent choisir pour personnages des objets inanimés.
    ☐ Vrai. ☐ Faux.
12. La fable peut être appelée apologue.
    ☐ Vrai. ☐ Faux.
13. Le premier illustrateur des *Fables* de La Fontaine s'appelait Jean-Baptiste Oudry. ☐ Vrai. ☐ Faux.
14. La Fontaine dédie ses *Fables* au fils de Louis XIV.
    ☐ Vrai. ☐ Faux.
15. La Fontaine a composé ses *Fables* sur une période de trente ans.
    ☐ Vrai. ☐ Faux.
16. Les *Fables* sont divisées en 10 livres. ☐ Vrai. ☐ Faux.
17. La Fontaine a été le contemporain de Molière.
    ☐ Vrai. ☐ Faux.

18. Il a exercé le métier d'avocat. ☐ Vrai. ☐ Faux.
19. Un écrivain qui écrit des fables s'appelle un « fabliau ».
☐ Vrai. ☐ Faux.
20. La volonté de La Fontaine dans ses *Fables* se résume aux deux verbes « instruire et plaire ». ☐ Vrai. ☐ Faux.

2. Reliez les personnages deux à deux grâce à la conjonction et de façon à constituer un titre réel de fable :

1. La Cigale •   • Le Renard
2. Le Coche •   • Le Moucheron
3. Le Chêne •   • La Citrouille
4. Le Lion •   • Le Pot au lait
5. Le Renard •   • Les Plaideurs
6. Le Savetier •   • Borée
7. Le Rat •   • La Fourmi
8. Le Torrent •   • L'Ourse
9. Le Corbeau •   • La Tortue
10. Le Loup •   • La Mouche
11. L'Âne •   • Le Rat
12. La Mort •   • Le Chien
13. Le Lièvre •   • Le Roseau
14. Phébus •   • La Rivière
15. La Laitière •   • L'Agneau
16. Le Cheval •   • L'Huître
17. Le Gland •   • La Cigogne
18. La Lionne •   • Le Financier
19. L'Huître •   • L'Âne
20. La Grenouille •   • Le Bûcheron

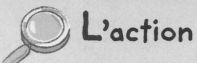

L'action

Avez-vous bien lu ?

1. **La Cigale (*La Cigale et la Fourmi*, I, 1) n'a rien à manger parce que :**
   - ☐ on lui a volé ses provisions.
   - ☐ elle a passé l'été à chanter.
   - ☐ elle refuse qu'on lui fasse l'aumône.

2. **Le Corbeau (*Le Corbeau et le Renard*, I, 2) perd son fromage par :**
   - ☐ vanité.　　☐ faiblesse.　　☐ gourmandise.

3. **Le Loup refuse de partager la vie du Chien (*Le Loup et le Chien*, I, 4) parce que :**
   - ☐ il préfère la liberté.
   - ☐ il n'a pas les mêmes habitudes alimentaires.
   - ☐ il craint d'être battu.

4. **Un des arguments suivants n'est pas donné par l'Agneau (*Le Loup et l'Agneau*, I, 10) :**
   - ☐ je suis très jeune.
   - ☐ je n'ai pas de frère.
   - ☐ je suis très maigre.

5. **Dans le *Renard et la Cigogne* (I, 18), le Renard sert à manger à la Cigogne :**
   - ☐ de la viande.　　☐ des légumes.　　☐ de la soupe.

6. **Le Chêne (*Le Chêne et le Roseau*, I, 22) compare sa tête :**
   - ☐ au Caucase.　　☐ aux Alpes.　　☐ à une montagne anonyme.

7. **Dans la fable *Contre ceux qui ont le goût difficile* (II, 1), le poète invoque au premier vers sa muse. Elle s'appelle :**
   - ☐ Clio.　　☐ Calliope.　　☐ Melpomène.

8. **L'insulte adressée par le Lion au Moucheron (II, 9) est :**
   - ☐ parasite ailé.
   - ☐ bourdonnante bestiole.
   - ☐ excrément de la terre.

9. Le Paon (II, 17), mécontent de son sort, se plaint à :

☐ Jupiter. ☐ Junon. ☐ Vénus.

10. Dans *Les Grenouilles qui demandent un Roi* (III, 4) les Grenouilles sont lasses de :

☐ la démocratie. ☐ le despotisme. ☐ la monarchie.

11. Le Jardinier fait appel à son Seigneur (IV, 4) parce que :

☐ il n'a plus d'argent en raison de mauvaises récoltes.
☐ un lièvre ravage son jardin.
☐ il est victime de brigands qui pillent ses biens.

12. La fable *L'Œil du maître* (IV, 21) doit nous enseigner que :

☐ seul celui qui est concerné par un bien sait le surveiller.
☐ on a toujours intérêt à se faire aider par les autres.
☐ les propriétaires sont souvent avares.

13. Les deux Compagnons qui vendent prématurément la peau de l'Ours (V, 20) peuvent être qualifiés de :

☐ cupides. ☐ malhabiles. ☐ courageux.

14. Un de ces noms n'est pas employé pour désigner le chat devenu juge dans *Le Chat, la Belette et le petit Lapin* (VII, 15) :

☐ Grippeminaud. ☐ Rodilardus. ☐ Raminagrobis.

15. Le Cerf qui n'a pas pleuré échappe au châtiment du Roi dans *Les Obsèques de la Lionne* (VIII, 14) parce que :

☐ il prétend avoir été dissuadé de pleurer par la Lionne apparue en songe.
☐ il assure que son espèce pleure sans montrer de larmes.
☐ il explique que lui-même a connu des chagrins plus grands avec la perte de ses petits.

16. Dans *Le Songe d'un Habitant du Mogol* (XI, 4), La Fontaine révèle ses goûts pour :

☐ la richesse. ☐ la gloire. ☐ la solitude.

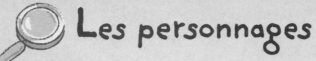# Les personnages

1. Identifiez l'animal désigné par une périphrase le caractérisant :

- le Roi des animaux (II, 11) : ....
- l'Oiseau de Jupiter (II, 16) : ....
- l'Animal bêlant (II, 16) : ....
- la Gent marécageuse (III, 4) : ....
- le fléau des Rats (III, 18) : ....
- la Gent trotte-menu (III, 18) : ....
- l'Animal à longue échine (IV, 16) : ....
- l'Habitant des Forêts (IV, 21) : ....
- l'Animal léger (VI, 10) : ....
- la gent qui porte crête (VII, 12) : ....
- le chétif hôte des bois (VIII, 14) : ....
- la bête de haut parage (VIII, 15) : ....
- l'animal lent et sa maison (X, 12) : ....
- la Reine des bois (X, 12) : ....
- cet animal grimpant (XII, 4) : ....

2. Identifiez le personnage qui parle et donnez le titre de la fable où il apparaît :

1. Je suis un insecte, j'agace les chevaux, mais finalement je rends service et j'aimerais qu'on reconnaisse mes mérites.

....

2. Je suis frêle, je crains les orages, la nature semble à mon égard bien injuste, et pourtant je résiste aux tempêtes.

....

3. Je suis un oiseau banal, mais j'aspire à plus de gloire et mon déguisement pourrait m'y aider.

....

4. Je suis un élément de la nature et j'aimerais bien avoir des enfants plus grands que la cité de Paris.

....

5. Je suis un jeune animal et je découvre le monde où je rencontre des gens qui ne sont pas toujours ce qu'ils semblent être.

....

6. Je suis un objet, en équilibre pas très stable, mais je vaux cher par ce que je contiens qui permet bien des rêves.

....

7. Je suis un animal très fluet et j'ai intérêt à garder la ligne si je ne veux pas rester prisonnière de lieux peu accessibles.

....

8. Je suis le fruit d'un arbre, tout mince, tout léger, heureusement pour le dormeur.

....

9. Je suis un animal à cornes et celles-ci sont bien utiles pour se sortir d'un lieu où m'attira la soif. Sauf qu'on ne réfléchit pas avec les cornes.

....

10. Je vis perché sur mes longues pattes et je vois le monde avec hauteur ; c'est pour cela que je suis hautain, jusque dans le choix de ma nourriture.

....

11. Animal familier, je vis pourtant comme un ermite, ce qui m'a fait devenir gros et gras, un peu sourd aussi ; il me reste les dents pour croquer les imprudents.

....

12. On ne me voit pas, mais je guette, et chacun, pour son malheur, me rencontrera un jour, qu'on m'appelle ou pas.

....

13. Tout se passait bien dans mon jardin et ma fille me donnait de belles satisfactions. J'aurais mieux fait de ne rien demander à personne.

....

14. J'ai été élevée dans la mer qui m'a déposée sur le sable ; je ne pensais pas être un jour l'objet d'un procès.

....

15. Je suis un plantigrade et possède une belle fourrure que je ne suis pas prêt à me laisser prendre par de prétentieux garnements.

....

16. Je suis moins puissant que le mistral et j'aimerais bien l'égaler pour pouvoir arracher leur manteau aux voyageurs.

....

17. Je suis originaire des bords de la mer Noire et je fais profession de réfléchir, mais j'aime aussi la botanique.

....

18. Je vis au bord des étangs où l'on rencontre parfois des ruminants à la taille enviable.

....

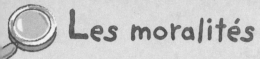

Les moralités

Retrouvez le titre de la fable d'où est extraite la moralité :

1. La raison du plus fort est toujours la meilleure.

....

2. Plutôt souffrir que mourir,
   C'est la devise des hommes. ....

3. On a souvent besoin d'un plus petit que soi.

....

4. Il n'est, pour voir, que l'œil du Maître. ....

5. Ne nous associons qu'avecque nos égaux. ....

6. Un tiens vaut, ce dit-on, mieux que deux tu l'auras.

....

7. Travaillez, prenez de la peine :
   C'est le fonds qui manque le moins. ....

8. Plus fait Douceur que Violence. ....

9. Rien ne sert de courir ; il faut partir à point. ....

10. Aide-toi, le Ciel t'aidera. ....

11. Selon que vous serez puissant ou misérable,
    Les jugements de Cour vous rendront blanc ou noir.

....

12. On hasarde de perdre en voulant trop gagner.

....

13. Tel est pris qui croyait prendre. ....

14. Il se faut entraider, c'est la loi de nature. ....

15. Les gens sans bruit sont dangereux. ....

16. Dieu fait bien ce qu'il fait. ....

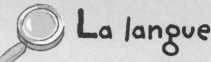 La langue

Trouvez les synonymes contemporains aux termes d'époque employés par La Fontaine :

1. soin •	• instrument, outil
2. sans doute •	• beaucoup de
3. ramage •	• charge, fardeau
4. rôt •	• vent léger
5. aventure •	• sur le champ
6. faix •	• digne de pitié
7. zéphir •	• coquin, rusé
8. force (adverbe) •	• sortilège, effet de magie
9. d'abord •	• tromper
10. se panader •	• de nombreux
11. charme •	• souci
12. souffrir •	• met, repas
13. machine •	• à la recherche
14. misérable •	• chant des oiseaux
15. engeigner •	• hasard
16. galant •	• immédiatement
17. en quête •	• sans aucun doute
18. maint •	• paysan
19. tout à l'heure •	• supporter
20. manant •	• se pavaner

 En savoir plus sur : **www.petitsclassiqueslarousse.com**

POUR
APPROFONDIR

Thèmes et prolongements

✤ La fable

> Le mot « fable » vient du latin *fabula* qui veut dire « récit », raison qui fait qu'à l'origine la fable n'est pas considérée comme un genre littéraire, puisqu'elle renvoie à un simple contenu narratif. Elle peut d'ailleurs, comme chez La Fontaine, être écrite en vers, mais être aussi rédigée en prose, ainsi que le fait par exemple Fénelon avec son recueil de 1701.

D'Ésope à aujourd'hui

La Fontaine n'est pas l'inventeur de ce modèle littéraire, mais il a contribué à lui donner sa dignité et à en préciser les codes. Les premiers exemples de fables sont à chercher dans l'Antiquité avec deux auteurs auxquels La Fontaine est largement redevable, le Grec Ésope vers 325 av. J.-C. et le latin Phèdre au Iᵉʳ siècle. Mais les fables ont également existé dans d'autres civilisations, notamment en Inde, où un certain Pilpay aurait publié un recueil que La Fontaine prétend, dans l'Avertissement du Second recueil (début du Livre VII), avoir abondamment utilisé, alors qu'une seule fable (*Le Chat, la Belette et le petit Lapin*, VII, 16) lui est empruntée.

Au Moyen Âge, des récits, souvent illustrés, prolongent la tradition d'Ésope, tels les ysopets (ou isopets, récits ésopiques) dont l'un des plus célèbres est dû à Marie de France, vers 1150. D'autres textes narratifs, qu'on nommerait plutôt « contes » (comme le *Roman de Renart*, anonyme), se rapprochent du modèle de la fable, de même que les fabliaux populaires ou, à la Renaissance, les récits de Marguerite de Navarre ou de Clément Marot. La fable va connaître, à partir du début du XVIIᵉ siècle, un regain de faveur illustré par plusieurs auteurs dont Isaac Nivelet, le précurseur, qui fait paraître en 1610 un recueil bien connu de La Fontaine, auquel on peut adjoindre Patru, Boissat, Audin, Furetière.

En faisant paraître son premier recueil en 1668, dont le titre indique la vocation poétique : *Fables choisies mises en vers*, La Fontaine s'inscrit donc dans un courant ancien et, grâce à son talent, porte

Pour approfondir

le genre à la perfection. Ses successeurs seront nombreux, parfois obscurs (Eustache Le Noble, Lebrun, Richer, d'Ardenne, Pelletier, Dubillon...), parfois plus connus, comme Fénelon, Houdar de la Motte, et surtout Florian vers la fin du XVIIIᵉ siècle.

D'autres écrivains se sont essayé au genre aux XIXᵉ et XXᵉ siècles, sans grande réussite le plus souvent, sauf peut-être pour l'humoriste Franc-Nohain (1921), pour le poète Jules Supervielle et pour l'auteur de théâtre Jean Anouilh qui, en 1961, compose un recueil qu'il déclare... n'être pas destiné aux enfants.

Esthétique de la fable

La particularité majeure de la fable, qui la distingue d'autres récits brefs, et notamment du conte, est qu'elle se termine généralement par une moralité (même si La Fontaine enfreint souvent cette règle, négligeant de donner une morale ou la plaçant ailleurs qu'à la fin). Cet objectif didactique rapproche la fable de l'apologue, récit à valeur morale, et qui en est en quelque sorte le nom primitif. C'est d'ailleurs ce terme que La Fontaine utilise pour désigner ses propres fables, comme il le fait dans sa préface : « L'apologue est composé de deux parties, dont on peut dire que l'une est le corps, l'autre l'âme. Le corps est la fable, l'âme la moralité. » Aujourd'hui, le mot apologue désigne la partie récit.

Comme tout texte destiné à délivrer une leçon, la fable doit servir d'exemple, dans l'esprit de ce que les Anciens appelaient l'*exemplum* (récit à valeur édifiante). Mais l'enseignement qu'elle fournit n'est pas toujours explicite, il peut être pluriel, en donnant deux leçons (*Le Lion et le Moucheron*, II, 9), ou ambigu (*La Cigale et la Fourmi*, I, 1), incertitude qui rapproche la fable des jeux littéraires en forme d'énigmes tels que l'emblème. Ce jeu, populaire au Moyen Âge, consiste à proposer une gravure accompagnée de quelques vers et d'un commentaire moral, à partir duquel les lecteurs proposent des interprétations.

Lorsqu'on délivre un message ou exprime une idée grâce à des formulations imagées, on utilise l'allégorie. Les *Fables* de La Fontaine sont souvent allégoriques en ce sens qu'elles développent des idées cachées sous une histoire simple. Ce serait une erreur de s'en tenir au seul récit de surface, souvent piquant et léger. Leur intention dépasse le simple plaisir littéraire puisqu'elles doivent « instruire », c'est-à-dire former le jugement, influencer les choix moraux des lecteurs.

Mais elles doivent en même temps « plaire », ce qui va tempérer l'intention morale. Les *Fables* restent une œuvre de fantaisie. Comme Ésope, son modèle, La Fontaine revendique le droit au mensonge : « Le mensonge et les vers de tout temps sont amis » (*Contre ceux qui ont le goût difficile*, II, 1). Il ne cache pas la volonté de donner à ses « contes » une dimension féerique : « Qui ne prendrait ceci pour un enchantement ? » (*Ibid*) et s'irrite devant les censeurs insatisfaits.

Ainsi la fable peut-elle revendiquer sa double appartenance à la littérature morale (au même titre que les maximes, pensées, portraits, essais...) et aux livres de divertissement. Elle est grave, sérieuse, et en même temps elle réjouit et amuse. Sa nature est essentiellement binaire, comme le dit encore La Fontaine :

> « Une morale nue apporte de l'ennui :
> Le conte fait passer le précepte avec lui. »
> (*Le Pâtre et le Lion*, VI, 1)

✤ La poétique

Avant d'être une œuvre de sagesse, les *Fables* sont une œuvre littéraire et une remarquable réussite poétique. La différence entre La Fontaine et les autres fabulistes tient moins à la portée du message qu'à l'art de le faire passer grâce à une langue savoureuse et à une versification éblouissante.

Une parole en liberté

Tous les commentateurs s'accordent à souligner la prodigieuse richesse de la langue de La Fontaine. Un critique amateur de statistiques, Pierre Bornecque, évaluait le lexique du poète à 6 000 mots, alors que celui de Corneille serait de 3 000 et celui de Racine de 2 000.

Mais la richesse n'est pas la principale qualité de cette expression qui se distingue aussi par son extrême variété due à la diversité des registres. La Fontaine peut recourir dans ses vers au vocabulaire d'autrefois, qui donne au propos une tournure archaïque (*engeigner, déduit, noise, soul...*) ; il puise à l'occasion dans les langues techniques, comme celles de l'agriculture, de la chasse, de la justice, ou de la médecine (*ramée, leurre, plaideur, arboriste...*). Il aime aussi inventer des mots (*épongier, devineuse, enquinander, daubeur...*), ou glisser dans son texte des expressions figées ou populaires (*gros Jean comme devant, crier haro...*).

La parole, dans la fable, est comme libérée, mise en valeur en outre par le recours au dialogue au style direct, comme dans une petite comédie. C'est le cas, par exemple, dans la fable *Le Jardinier et son Seigneur*, dont Chamfort, moraliste du XVIIIe siècle, disait : « Molière n'aurait pas fait mieux. »

Les vers irréguliers

L'agrément des *Fables* vient aussi de la souplesse de la versification obtenue grâce à l'utilisation de vers de longueur (ou mètre) différente, ce que l'on nomme hétérométrie. Quelques rares fables peuvent être rédigées avec le même mètre, que ce soit l'alexandrin (douze syllabes), le décasyllabe (dix syllabes) ou l'octosyllabe (huit). Mais, le plus souvent, la fable fait alterner les longueurs de vers pour créer des effets de rythme et de surprise, comme dans ces deux vers très connus qui ouvrent le recueil :

> « La Cigale ayant chanté (7)
>   Tout l'été » (3),

alors que le reste de la fable est rédigé en heptasyllabes (7 syllabes) réguliers. Dans cet exemple, l'expressivité est accentuée par ce qu'on nomme un rejet, c'est-à-dire le renvoi d'un élément de la phrase au début du vers suivant *(Tout l'été)*. Le procédé est souvent employé et semble poussé à son extrême dans ce distique (groupe de deux vers) :

> « L'homme au trésor arrive, et trouve son argent
>   Absent. »
> *(Le Trésor et les deux hommes*, IX, 16)

On trouvera d'autres exemples significatifs dans les fables IV, 11 (vers 18-19) ou VII, 1 (vers 28-29).

Dans la préface des *Contes*, La Fontaine déclare avoir pensé « que les vers irréguliers ayant un air qui tient beaucoup de la prose, cette manière pourrait sembler la plus naturelle ». Cette volonté paraît avoir été reconduite et systématisée dans les *Fables*.

La Langue des Dieux

Le naturel doit en même temps favoriser la musicalité, qualité essentielle qui guide souvent le choix des rimes que La Fontaine dispose de manière savante en fonction de son besoin, alternant les rimes plates *(aabb)*, embrassées *(abba)* ou croisées *(abab)*, redoublant les rimes (III, 4, vers 24-27), ou jouant sur des rimes plates assorties malicieusement : *Bœuf* et *œuf* (I, 3), *Voleurs* et *Seigneurs* (II, 16), *Belette* et *trompette* (VII, 15)...

Dans son souci d'harmonie, il distribue les accents rythmiques et les sonorités de façon à traduire une impression, la difficulté de l'effort

par exemple : « Dans un chemin montant, sablonneux, malaisé... »
(VII, 8), ou l'insouciance d'une rêveuse : « Perette, sur sa tête ayant
un Pot au lait... » (VII, 9). Les consonnes *p* et *t*, dans ce dernier vers,
scandent la démarche alerte de l'imprudente paysanne. Cette harmonie imitative, que l'on appelle allitération, se retrouverait dans
de nombreux exemples, comme ce vers célèbre, où les consonnes
liquides *(l, r)* suggèrent la douceur du paysage :

> « Le long d'un clair ruisseau buvait une colombe... »
> (II, 12)

Parfois, les vers sont associés par deux, créant ce qu'on nomme
un distique (dans les moralités notamment), parfois par quatre ou
même par six quand ils sont liés par le sens et par des mètres iden-
tiques, découpant la fable en strophes successives.

Une œuvre poétique

Au total, les *Fables* de La Fontaine, par leur langue et leur versification, méritent bien le titre d'œuvre poétique.

D'autant qu'entre une peinture réaliste de la nature et une sugges-
tion désinvolte, La Fontaine préfère toujours la deuxième solution.
Les lecteurs du temps, peu familiers avec le monde des animaux, se
contentaient d'évocations approximatives empruntées à la tradition.
Ils pardonnaient au poète ses inexactitudes zoologiques : la cigale ne
chante pas, le corbeau ne se nourrit pas de fromage, le héron n'a pas
de pieds... Car ces erreurs de détail ne nuisent pas au pittoresque de
la peinture, lui ajoutant plutôt une dimension artistique.

Ce que souhaitait La Fontaine, qui aimait à se placer sous l'autorité
des Muses du Parnasse :

> « C'est ainsi que ma Muse, aux bord d'une onde pure,
>> Traduisait en langue des Dieux
>> Tout ce que disent sous les Cieux
> Tant d'êtres empruntant la voix de la nature. »
> (*Épilogue*, livre XI).

Pour approfondir

❖ La satire

> Derrière leur apparence amusante, les *Fables* de la Fontaine fournissent une peinture assez fidèle de l'humanité, saisie dans les particularismes de son époque (celle du Roi-Soleil) ou révélée dans ce qu'elle a d'éternel. Quand le tableau privilégie la moquerie et la critique, on est en droit de parler de satire.

Un art de l'attaque

La satire désigne un écrit ou un discours qui s'attaque à une personne ou une institution sur le ton de la moquerie. Le mot vient du latin *satura* qui veut dire « farce », au sens culinaire du terme, et suppose donc l'idée d'un mélange, où l'on accommode divers restes. En littérature, la *satura* est un texte qui mélange prose, vers, dialogue, discours sur des sujets variés. Cette liberté, bien adaptée à La Fontaine qui faisait de la diversité sa devise, a conduit le terme à se spécialiser dans le sens d'une critique gaie, désordonnée, diverse dans ses formes, dont le but est d'amuser en prenant pour cible des situations intenables ou des personnages douteux.

La satire est l'arme favorite des amuseurs (en poésie ou au théâtre) et des moralistes quand ils souhaitent délivrer leur leçon de façon indirecte. De nombreux auteurs de l'Antiquité tels Aristophane, Horace, Juvénal, Apulée… caricaturent, dans leurs comédies ou leurs vers, des personnages jugés grotesques ou des comportements insupportables. À l'époque de La Fontaine, Molière utilise les ressources de la satire pour renforcer le comique de ses pièces (satire des médecins, des précieuses, des fausses savantes…). Boileau, autre contemporain, décrit avec humour les « embarras de Paris » (*Satire* VI), ou l'art de mentir (*Satire* XII). On retrouve le procédé chez La Rochefoucauld dans ses *Maximes*, et surtout chez La Bruyère, dont *Les Caractères* ressemblent à un réquisitoire en matière politique, sociale, religieuse ou morale.

Au XVIIIe siècle, la satire est illustrée notamment par les philosophes ironiques : Montesquieu, dans les *Lettres persanes*, Voltaire dans ses *Contes*, en particulier *Candide*, Diderot dans ses romans. Elle se pratique toujours dans les sketches des comiques ou des imitateurs, sur la scène ou à la télévision. Elle trouve également à s'exprimer dans le dessin humoristique ou dans la caricature, qui sont des équivalents visuels tout aussi efficaces pour dénoncer les abus.

Une « alarme universelle » (II, 9)

La Fontaine, dans ses *Fables*, peut nous faire penser à son Moucheron qui veut se venger du Lion :

> « Un avorton de mouche en cent lieux le harcèle
> Tantôt pique l'échine, et tantôt le museau... »
> (*Le Lion et le Moucheron*, II, 9)

Le chétif poète mène combat contre les puissants (ici représentés par le Lion), mais critique aussi diverses catégories sociales, et surtout les défauts éternels de la nature humaine.

Il dénonce par exemple, dans le domaine politique, l'inutilité des nobles (IV, 14), la flatterie des courtisans, l'esprit de conquête, la rivalité pour le pouvoir (III, 14). Il se montre également sévère pour les pédants (I, 19), les religieux bavards, les médecins ignorants (V, 12), les paysans cupides (IV, 4), les marchands. Il met en relief les faiblesses ou les dérives de la justice (VII, 1), la fragilité du mariage (IX, 2), le poids de la servitude (I, 5), le goût du paraître (VIII, 14).

Mais c'est dans la satire des tares de la société qu'il excelle, dévoilant la sottise (III, 5), la vanité (I, 3), la tendance au rêve (VII, 9), l'ingratitude, l'insatisfaction (XII, 9), l'avarice (IV, 20), l'ambition, l'amour-propre, la peur de la mort (I, 16), la cruauté, l'impiété, etc.

La Fontaine, plus conservateur que contestataire, ne peut être considéré comme un censeur violent et brutal ou un ironiste cinglant à l'image de ce que sera Voltaire. Et pourtant l'homme, que l'on imagine doux, bon, indulgent, ne se prive pas de porter un regard critique sur les désordres du monde afin de démystifier les faux-semblants et de défendre les faibles. Par là encore il nous est proche.

Pour approfondir

Textes et images

✤ Le combat du fort et du faible

Une fable célèbre nous dit que « La raison du plus fort est toujours la meilleure » (*Le Loup et l'Agneau*, I, 10). On approuverait sans mal La Fontaine si celui-ci n'avait pas pris la peine d'illustrer la pensée opposée avec la fable *Le Lion et le Moucheron* (II, 9) qui, dans sa moralité, nous affirme, à l'inverse, que « Les plus à craindre sont souvent les plus petits ». Où se situe la vérité ?

Documents :

❶ « Le Lion et le Moucheron », extrait des *Fables*, d'Ésope

❷ « David et Goliath », extrait de l'*Ancien Testament, Premier livre de Samuel*

❸ « Aymerillot », extrait de *La Légende des siècles*, de Victor Hugo

❹ « Les malheurs du Lion », extrait de l'album *Quatre*, de Thomas Fersen, 1994

❺ *Le Lion et le Moucheron*, illustration de la fable de La Fontaine par Benjamin Rabier, 1906

❻ *Le Lion et le Moucheron*, illustration de la fable d'Ésope, par Arthur Rackham, 1912

❼ *Le Lion et le Moucheron*, chromo publicitaire, illustration de la fable de La Fontaine, anonyme, vers 1910

❽ *Le Lion et le Moucheron*, illustration de la fable de La Fontaine par Raymond de La Nézière, 1930

Pour approfondir

❶ Le Lion et le moucheron

Un moucheron s'approchant d'un lion, lui dit : « Je ne te crains pas, tu n'es pas plus fort que moi. D'ailleurs, en quoi consiste ta force ? Tu déchires avec tes griffes et tu mords avec tes dents ? Mais une femme qui se bat avec son mari en fait autant. Moi, je suis bien plus fort que toi. Si tu veux, engageons le combat. » Le moucheron ayant sonné de la trompette, se fixe sur le lion, mordant ses joues dépourvues de poils autour du nez. Le lion se déchire de ses propres griffes, jusqu'à être fou de rage. Le moucheron, après avoir vaincu le lion, sonné de la trompette et entonné le chant de victoire, s'envole. Mais pris dans les rets d'une araignée, pendant que celle-ci le dévorait se lamente de ce que, après avoir combattu les plus grands ennemis, il succombait devant un vil animal. Cette fable est écrite contre ceux qui abattent les puissants et sont abattus par les petits.

Ésope, *Fables*.

❷ David et Goliath

[Le Roi Saül promet la richesse et sa fille en mariage à qui acceptera le combat avec Goliath, champion des Philistins avec lesquels Israël est en guerre. David, jeune berger, se propose et refuse l'épée que lui offre le roi.]

David prit son bâton en main, choisit dans le torrent cinq pierres polies et les mit dans sa gibecière de berger. Puis sa fronde à la main, il s'avança vers le Philistin [...] Le Philistin s'approcha peu à peu de David et, lorsqu'il l'aperçut, le méprisa ne voyant en lui qu'un enfant, blond et d'une belle figure. Le Philistin dit à David :

– Suis-je un chien que tu viennes à moi avec des bâtons ? Viens vers moi et je donnerai ta chair aux oiseaux du ciel et aux bêtes des champs.

David dit au Philistin :

– Tu marches contre moi avec l'épée, la lance et le javelot, et moi je marche contre toi au nom de l'Éternel des armées, du Dieu de l'armée d'Israël que tu as insultée. Aujourd'hui l'Éternel te livrera entre mes mains, je t'abattrai et je te couperai la tête [...].

Aussitôt que le Philistin se mit en mouvement pour marcher au-devant de David, David courut sur le champ de bataille à la rencontre du Philistin. Il mit la main à sa gibecière, y prit une pierre, et la lança avec sa fronde ; il frappa le Philistin au front, et la pierre s'enfonça dans le front du Philistin, qui tomba le visage contre terre.

Ainsi, avec une fronde et une pierre, David fut plus fort que le Philistin ; il le terrassa et lui ôta la vie, sans avoir d'épée à la main. Il courut, s'arrêta près du Philistin, se saisit de son épée qu'il tira du fourreau, le tua et lui coupa la tête. Les Philistins, voyant que leur héros était mort, prirent la fuite.

Ancien Testament, Premier livre de Samuel, 17, traduction de Louis Segond, L'École des loisirs, « Classiques abrégés », 2004.

3 Aymerillot

[L'empereur Charlemagne, de retour d'Espagne, cherche à prendre la ville de Narbonne alors que ses troupes sont décimées. Aucun chevalier ne se propose quand avance un jeune homme que dévisage l'empereur.]

Il regarda celui qui s'avançait, et vit,
Comme le roi Saül lorsque apparut David,
Une espèce d'enfant au teint rose, aux mains blanches,
Que d'abord les soudards dont l'estoc bat les hanches
Prirent pour une fille habillée en garçon,
Doux, frêle, confiant, serein, sans écusson
Et sans panache, ayant, sous ses habits de serge,
L'air grave d'un gendarme et l'air froid d'une vierge.
– Toi, que veux-tu, dit Charles, et qu'est-ce qui t'émeut ?
– Je viens vous demander ce dont pas un ne veut :
L'honneur d'être, ô mon roi, si Dieu ne m'abandonne,
L'homme dont on dira : – C'est lui qui prit Narbonne. –
L'enfant parlait ainsi d'un air de loyauté,
Regardant tout le monde avec simplicité.
[...]
– Aymerillot, reprit le roi, dis-nous ton nom.
– Aymery. Je suis pauvre autant qu'un pauvre moine ;
J'ai vingt ans, je n'ai point de paille et point d'avoine,
Je sais lire en latin, et je suis bachelier.
[...]
J'entrerai dans Narbonne. Et je serai vainqueur ;
Après, je châtierai les railleurs, s'il en reste. –

Charles, plus rayonnant que l'archange céleste,
S'écria : – Tu seras, pour ce propos hautain,
Aymery de Narbonne et comte palatin,
Et l'on te parlera d'une façon civile.
Va, fils ! –

Le lendemain, Aymery prit la ville.

Victor Hugo, *La Légende des siècles*, 1859.

Les malheurs du lion

[...]
Ainsi rêvassait le lion, devant sa consommation
Il voit venir un moucheron vêtu d'un complet marron
Avec des ailes sur le tronc et une mèche sur le front,
Qui grésille, qui zézaye avec l'accent de Marseille,
Qui lui casse les oreilles et lui arrive à l'orteil.

« Eh petit je suis le lion. Allez, va jouer au ballon !
Tu peux t'éponger le front, avoir les jambes en coton,
Ici c'est moi le patron, c'est moi qui donne le ton.
[...]
Le lion n'a rien vu venir
Le moucheron sans prévenir,
Lui a mis un coup d'bâton à la pointe du menton.
Il n'en revient pas le lion, et ce n'est qu'un échantillon :
Un coup dans les testicules,
« Ça c'est de la part de Jules !
J'aime pas tellement qu'on m'bouscule
Quand j'me rince les mandibules. »

Cette histoire est une fiction. Moi j'ai rencontré le lion.
J'lui ai mis, c'est ridicule, un coup dans les testicules,
Il m'a dévoré tout cru au beau milieu de la rue.
Je grésille, je zézaye, et dans mon dos j'ai des ailes,
J'ai l'éternité au ciel grâce à mon exploit de la veille.

Thomas Fersen, album *Quatre*, 1994.

Pour approfondir

215

Pour approfondir

6

7

Pour approfondir

✤ Étude des textes

Savoir lire

1. Deux textes sont donnés en traduction : lesquels ? Un texte n'a pas de nom d'auteur ; lequel ? Pourquoi ?

2. À quel genre appartient chacun des quatre textes ? Quel est celui dont la tonalité diffère des autres ?

3. Quelles sont les similitudes de sens entre les quatre textes ? Quelles sont les différences ?

4. Relevez, dans chacun des textes, les caractères de la puissance opposés à ceux de la faiblesse.

Savoir faire

5. Établissez une comparaison entre le texte 1 et la fable de La Fontaine, *Le Lion et le Moucheron*.

6. Transformez le texte 2 (« David et Goliath ») pour en faire une chanson populaire dans le style du texte 4.

7. Retrouvez le poème complet de Victor Hugo intitulé « Aymerillot » dans *La Légende des siècles* et relevez les éléments historiques qui composent l'épisode.

✤ Étude des images

Savoir analyser

1. Tous les personnages de la fable sont-ils présents dans chacune des images ?

2. En quoi ces images peuvent-elles s'appliquer aux textes 2, 3 et 4 ?

3. Dans le document 5, le lion est montré en trois positions. À quels moments de la fable correspondent-elles ?

4. Qui occupe la place centrale dans ces diverses images ? Définissez dans chacune d'elle l'apparence du lion.

5. En quoi consiste l'originalité du document 8 ? Quel personnage représente le lion ? Qui sont les personnages au deuxième plan ?

Savoir faire

6. Recherchez d'autres illustrations de la même fable.

7. Établissez, en six vignettes, le synopsis d'une bande dessinée mettant en scène le texte 4.

Pour approfondir

Textes et images

✢ Les représentations du loup

L'image du loup, dans la littérature comme dans la vie réelle, n'est pas très flatteuse, puisque cet animal est présenté souvent comme naïf et surtout cruel. Cette réputation est-elle justifiée ? Est-elle toujours vérifiée dans les textes, anciens ou récents ? Quelles autres images du loup souhaitent nous donner parfois les écrivains ?

Documents :

❶ Extrait du *Roman de Renart*, anonyme

❷ « La Mort du loup », extrait des *Destinées*, d'Alfred de Vigny

❸ « Un loup », extrait de *Gravitations*, de Jules Supervielle

❹ Extrait des *Contes du chat perché*, de Marcel Aymé

❺ *Renart et Ysengrin*, miniature de Jacquemart Gelée de Lille, XIIIᵉ siècle

❻ *Le Loup et l'Agneau*, gravure de Claude-Olivier Gallimard d'après Jean-Baptiste Oudry, XVIIIᵉ siècle

❼ *Le Loup et l'Agneau*, illustration de R. Dauphin, 1942

❽ *Le Loup et le Chien*, illustration de Grandville, XIXᵉ siècle

❶ [Renart, le goupil, a invité Ysengrin, le loup, à pêcher dans un lac gelé. Il lui a attaché un seau à la queue qu'il plonge dans l'eau glacée.]

[...] Puis l'eau commence à geler autour, et la queue elle-même, qui trempe dans l'eau, est prise par la glace, si bien que lorsqu'Ysengrin entreprend de se relever en tirant le seau à lui, tous ses efforts restent vains ; très inquiet, il appelle Renart car on ne va pas tarder à le voir : déjà le jour se lève. Renart dresse la tête, ouvre les yeux et jette un regard autour de lui.

« Tenez-vous en là, frère, dit-il, et allons-nous-en, mon très cher ami. Nous avons pris assez de poissons.

– Il y en a trop, Renart ; j'en ai pris je ne sais combien. »

Pour approfondir

Et Renart de lui dire tout net en riant : « qui trop embrasse mal étreint ». C'est la fin de la nuit, l'aube apparaît, le soleil matinal se lève, les chemins sont couverts de neige et Monseigneur Constant des Granges, un riche vavasseur, qui demeurait au bord de l'étang, est déjà levé, frais et dispos ainsi que toute sa maisonnée. Il prend un cor de chasse, ameute ses chiens et fait seller son cheval. Ses hommes, de leur côté, crient et mènent force tapage. Renart, à ce bruit, prend la fuite et se réfugie dans sa tanière. Ysengrin, lui, se trouve toujours en fâcheuse position, tirant désespérément sur sa queue au risque de s'arracher la peau. Elle est le prix à payer s'il veut s'échapper de là.

Le *Roman de Renart*, anonyme, XIIᵉ siècle.

 La Mort du Loup

[...]

 Le Loup vient et s'assied, les deux jambes dressées
Par leurs ongles crochus dans le sable enfoncées.
Il s'est jugé perdu, puisqu'il était surpris,
Sa retraite coupée et tous ses chemins pris ;
Alors il a saisi, dans sa gueule brûlante,
Du chien le plus hardi la gorge pantelante
Et n'a pas desserré ses mâchoires de fer,
Malgré nos coups de feu qui traversaient sa chair
Et nos couteaux aigus qui, comme des tenailles,
Se croisaient en plongeant dans ses larges entrailles,
Jusqu'au dernier moment où le chien étranglé,
Mort longtemps avant lui, sous ses pieds a roulé.
Le Loup le quitte alors et puis il nous regarde.
Les couteaux lui restaient au flanc jusqu'à la garde,
Le clouaient au gazon tout baigné dans son sang ;
Nos fusils l'entouraient en sinistre croissant.
Il nous regarde encore, ensuite il se recouche,
Tout en léchant le sang répandu sur sa bouche,
Et, sans daigner savoir comment il a péri,
Refermant ses grands yeux, meurt sans jeter un cri.

Alfred de Vigny, *Les Destinées*, 1849.

3 **Un loup**

Fauve creusant la nuit solide
De ses griffes et de ses dents,
Ce loup sec à la langue fine
Affamé depuis cent mille ans.

Ah ! s'il broyait l'éternité
Et son équipage des morts
Cela ferait un grand bruit d'os
Par des mâchoires fracassées.

Il a percé l'arbre de pierre
À la recherche des pays
D'où lui vient cette faim guerrière
Qui le précède et qui le suit.

Le cœur roulé par les soleils
Et par les lunes épié
Il périra multiplié
Par le haut mal des univers.

Jules Supervielle, *Gravitations*, éditions Gallimard, 1925.

4 [Leurs parents sortis pour la journée, Delphine et Marinette, deux petites filles, se retrouvent seules dans la maison quand le loup cogne à la fenêtre.]

– Bonjour, dit le loup. Il ne fait pas chaud dehors. Ça pince, vous savez.

La plus blonde se mit à rire, parce qu'elle le trouvait drôle avec ces oreilles pointues et ce pinceau de poils hérissés sur le haut de la tête. Mais Delphine ne s'y trompa point. Elle murmura en serrant la main de la plus petite :

– C'est le loup.

– Le loup ? dit Marinette, alors on a peur ?

– Bien sûr, on a peur.

Tremblantes, les petites se prirent par le cou, mêlant leurs cheveux blonds et leurs chuchotements. Le loup dut convenir qu'il n'avait rien vu d'aussi joli depuis le temps qu'il courait par bois et par plaines. Il en fut tout attendri.

– Mais qu'est-ce que j'ai ? pensait-il, voilà que je flageole sur mes pattes.

À force d'y réfléchir, il comprit qu'il était devenu bon, tout à coup. Si bon et si doux qu'il ne pourrait plus manger d'enfants.

Le loup pencha la tête du côté gauche, comme on fait quand on est bon, et prit sa voix la plus tendre :

– J'ai froid, dit-il, et j'ai une patte qui me fait bien mal. Mais ce qu'il y a, surtout, c'est que je suis bon. Si vous vouliez m'ouvrir la porte, j'entrerais me chauffer à côté du fourneau et on passerait l'après-midi ensemble.

Les petites filles se regardaient avec un peu de surprise. Elles n'auraient jamais soupçonné que le loup pût avoir une voix si douce.

Marcel Aymé, *Les Contes du chat perché*, éditions Gallimard, 1939.

Pour approfondir

Pour approfondir

7

✥ Études des textes

Savoir lire

1. Identifiez la nature de chacun des textes. Notez les différences entre les textes de même nature.
2. Quels traits de caractère montre Renart dans le texte 1 ? Sous quels traits apparaît le loup Ysengrin ?
3. Dans le texte 2, qui voit et raconte la scène ?
4. Dans le même texte, qu'apporte la mention du chien étranglé ?
5. Quels éléments de récit sont communs aux textes 2 et 3 ?
6. L'image du loup est-elle la même dans les quatre textes ? Quels sont les éléments communs de son portrait ? Quelles sont les différences ?

Savoir faire

7. Rédigez à votre goût la suite du texte 1.
8. Relisez l'ensemble du poème de Vigny, « La Mort du loup » (texte 2). Quelle leçon le poète veut-il ici donner aux hommes ?
9. Faites une recherche pour trouver des textes racontant une partie de chasse.

✥ Étude des images

Savoir analyser

1. À quel contexte historique renvoie le document 5 opposant Renart à Ysengrin ?
2. Étudiez la composition du document 6 ainsi que la disposition des deux animaux.
3. Établissez une comparaison précise entre les documents 6 et 7 illustrant tous deux la fable *Le Loup et l'Agneau*.
4. Que pensez-vous des choix de l'illustrateur dans le document 8 ?

Savoir faire

5. Dans le document 7, placez, sous forme de bulle, une phrase dans la bouche de quatre personnages de votre choix, animaux ou végétaux.
6. Faites une recherche pour trouver diverses illustrations du loup dans différentes fables de La Fontaine.

Pour approfondir

Langue et langages

1. Donnez trois **homonymes** du mot « seau ». Construisez une phrase où vous employez l'un d'eux.

2. Donnez un **synonyme** de l'adjectif « vain ».

3. Quel est le **sens** du mot « maisonnée » ?

4. Que signifie l'expression « force courage » ? Quelle est la **nature grammaticale** du mot « force » ?

5. Trouvez d'autres mots qui, comme « tanière », désignent l'habitation d'un animal.

6. Trouvez le plus grand nombre possible de mots de la **famille** du mot « ouvrage ».

7. Comment nomme-t-on une **formule** comme celle qu'emploie Renart : « Qui trop embrasse mal étreint » ? Donnez le sens de cette phrase.

8. À partir de l'apparition de Constant des Granges, relevez des mots appartenant au **champ lexical** de la chasse.

9. Dans l'expression « Qui trop embrasse mal étreint », quel est le sujet du verbe « étreindre » ?

10. Dans la même expression, quelle est la **fonction grammaticale** et la nature du mot « trop » ?

11. Quelle différence de **ton** faites-vous entre la première prise de parole de Renart et la deuxième ?

12. À quoi renvoie « en » dans l'expression « J'en ai pris je ne sais combien » ? Quelle est la **nature grammaticale** de « en » ?

13. Comment se nomme la **proposition** « qui demeurait au bord de l'étang » ? Quelle est la **fonction** de cette proposition ?

Pour approfondir

14. Même question pour la **proposition** qui commence par « si bien qu'Ysengrin… ».

15. Même question pour la **proposition** « s'il veut réchapper ».

16. Quelle différence faites-vous dans la manière de présenter les paroles entre la réplique d'Ysengrin et celle de Renart ?

17. Un temps du **passé** est utilisé dans la deuxième partie du récit. Lequel ? Expliquez cet emploi.

18. **Transformez** le passage qui va de « Renart dresse la tête… » jusqu'à « … mal étreint » de façon à ce que les paroles des personnages soient rapportées **indirectement**.

19. **Réécriture :** réécrivez le premier paragraphe au **passé** en commençant par : « Puis l'eau commençait à geler ».

20. **Écriture :** vous avez été surpris, avec l'un de vos amis, lors d'un orage, par la montée de la marée ou par une autre intempérie brutale. Vous racontez l'anecdote au présent en prenant soin d'insérer des échanges de paroles.

Petite méthode

La narration

● La narration est le fait de raconter une histoire ou le résultat d'une action. En ce sens, le mot est synonyme de **récit**. On peut aussi parler d'**énoncé narratif**.

● Celui qui raconte, oralement ou par écrit, est appelé le **narrateur**. Parfois, ce narrateur n'apparaît pas dans le récit (comme dans ce passage du *Roman de Renart* ou dans le texte 4, p. 222-223) : on dit qu'il est extérieur ; d'autres fois en revanche, il participe à l'action.

● Les temps verbaux qui conviennent à la narration sont le **présent** (temps majoritairement employé dans le texte) et le **passé simple**, qu'on appelle parfois « passé narratif ».

Langue et langages

Exercice 2 : « Le Lion et le Rat », *Fables*, II, 11, p. 56

1. Quel est le **sens** du verbe « obliger » (vers 1) ? Ce verbe a-t-il conservé le même sens dans la langue moderne ?

2. Par quel autre terme pourriez-vous **remplacer** le mot « chose » (vers 4) ?

3. Expliquez la construction du mot « bienfait » (vers 9). Donnez un **antonyme** de ce terme. Trouvez cinq mots de la même famille.

4. **Expliquez** la raison pour laquelle les mots « lion » et « rat » sont écrits sans majuscules au vers 11.

5. En deux colonnes, distinguez dans la partie « récit » de la fable (vers 5 à 16) les mots **concrets** et les mots **abstraits**.

6. Relevez les mots et expressions appartenant au **champ lexical** de la chasse.

7. Expliquez : « feront foi » (vers 3), « à l'étourdie » (vers 6), « eût affaire » (vers 11), « rets » (vers 13), « emporta tout l'ouvrage » (vers 16).

8. Quels sont les deux **types de vers** utilisés dans la fable ?

9. Comment appelle-t-on **deux vers** liés ensemble par le sens et par la syntaxe comme ceux qui servent de seconde morale à la fable (vers 17 et 18) ?

10. Comment sont disposées les **rimes** dans les vers 5 à 8 ? Comment sont-elles disposées dans les vers 9 à 14 ?

11. Quel **temps** est employé dans la moralité qui ouvre la fable (vers 1 à 4) ? Justifiez cet emploi. En quel endroit de la fable retrouve-t-on le même temps ? Pourquoi ?

12. À quel temps du **passé** est racontée l'histoire ? Un temps du passé diffère des autres. Trouvez-le et justifiez son **emploi**.

13. Trouvez une **proposition relative** et analysez-la.

14. Quelle est la **nature** du mot « le » au vers 14 ? À quel mot renvoie-t-il ? Quelle remarque pouvez-vous faire sur sa place ?

15. Quelle est la **fonction grammaticale** du mot « rat » au vers 11 ? Rétablissez l'**ordre** normal des mots dans cette phrase et expliquez l'ordre choisi par l'auteur.

16. Reliez les deux premiers vers à l'aide d'une **préposition** de votre choix qui rende le lien logique.

17. **Réécriture :** réécrivez la fin de la fable (vers 12 à 18) en ajoutant à chaque nom une **épithète** de votre choix.

18. **Écriture :** à votre tour, vous inventez une histoire dont vous êtes l'acteur et qui illustre une situation où le plus faible ou le plus petit vient en aide au plus grand ou au plus puissant.

Petite méthode

• Le plus souvent, la poésie choisit pour s'exprimer la forme du **vers**, que l'on reconnaît à une disposition typographique particulière. Les règles qui permettent de composer des vers constituent la **versification**.

• Les principaux éléments de versification sont :
– la longueur du vers, ou **mètre**, qu'on obtient par le décompte des **syllabes** ;
– la **rime**, retour du même son à la fin d'un vers, dont les dispositions peuvent être variées (rimes plates, croisées ou suivies) ;
– le **rythme**, marqué par les accents toniques et les pauses, comme celle, théoriquement obligatoire, en milieu de vers et que l'on nomme la **césure** ;
– l'organisation des vers en **strophes** de longueur différente ou en **poèmes à forme fixe**, comme le rondeau ou le sonnet.

Pour approfondir

> **Exercice 3 :** texte 4 p. 222-223,
> *Les Contes du chat*
> *perché*, Marcel Aymé,
> de « tremblantes »
> à la fin

1. Donnez un **synonyme** du verbe « convenir », du verbe « flageoler », du nom « fourneau ».

2. Dans l'expression « par bois et par plaines », expliquez l'absence des **articles**. Trouvez une autre expression construite de la même façon.

3. Quels **termes ou expressions** doivent montrer que le loup est devenu bon ?

4. Que désigne le **pronom indéfini** « on » dans « on passerait l'après-midi ensemble » ? Le sens est-il le même que les deux « on » dans « comme on fait quand on est bon » ?

5. Quelle **différence** faites-vous entre les deux prises de parole du loup ? Quels mots soulignent cette différence ?

6. « J'ai une patte qui me fait bien mal » est une tournure du **langage parlé**. Quelle serait la formulation attendue à l'**écrit** ?

7. Trouvez d'autres expressions appartenant au **langage parlé**.

8. Quelle **nuance** de sens introduit la tournure « voilà que » ? Grammaticalement, quelle est la **valeur** de cette tournure ?

9. Par quel mot pourriez-vous la remplacer ?

10. Quelle est la **fonction** de l'adjectif « tremblantes » dans la phrase « Tremblantes, les petites se prirent par le cou... » ?

11. Relevez un adjectif **épithète**, un autre **attribut**.

12. Comment se nomme la **modification de l'adjectif** dans « aussi joli », « si bon », « si doux », « si douce » ?

13. Même question pour « la plus tendre ».

14. Relevez les **verbes pronominaux** du passage.

15. Comparez les **temps du passé** : « se prirent » et « se regardaient ». Justifiez leur emploi.

16. À quel **temps** sont les paroles du loup ? Est-ce le même temps dans l'ensemble du texte ? Expliquez la différence.

17. Distinguez les diverses **propositions** qui composent la seconde phrase de l'extrait et analysez-les.

18. **Réécriture :** réécrivez les trois premières phrases (du début à « tout attendri ») au présent de l'indicatif, puis au passé composé.

19. **Écriture :** rédigez une suite à cet extrait en choisissant la version qui vous convient le mieux : les petites filles refusent ou acceptent d'ouvrir la porte. Vous intercalerez des éléments de dialogue dans votre narration

Petite méthode

• Le sens de l'adjectif peut être modifié en **degré** suivant qu'il est affecté d'un **comparatif** ou d'un **superlatif**.
– Le comparatif se compose de l'adjectif et d'un adverbe indiquant une qualité égale (« aussi », « si » : « Delphine est aussi blonde que Marinette »), une qualité supérieure (« plus » : « le loup est plus dangereux que le chien »), ou une qualité inférieure (« moins » : « Le loup est moins rusé que le renard »).
– Le superlatif modifie le sens de l'adjectif de manière **relative** grâce à « le plus » (« le loup est l'animal le plus cruel »), ou de manière **absolue** grâce à des adverbes comme *très, tout à fait, fort, extrêmement*, etc. (« les petites filles sont très effrayées »).

• Il existe en français trois comparatifs **synthétiques** : *meilleur*, qui se rapporte à « bon », *pire*, qui modifie « mauvais », et *moindre* qui renvoie à « petit ». Les trois superlatifs correspondants sont : *le meilleur, le pire, le moindre.*

Pour approfondir

233

Outils de lecture

Alexandrin : vers de douze syllabes ; la coupe essentielle (césure) se trouve après la sixième syllabe et sépare le vers en deux hémistiches.

Allégorie : représentation imagée et symbolique d'une réalité abstraite de nature morale ou philosophique. La balance, par exemple, évoque la justice.

Allitération : figure de style que l'on rencontre surtout en poésie et qui consiste en une accumulation de consonnes devant provoquer un effet d'harmonie imitative.

Apologue : court récit devant délivrer une leçon morale. Pour La Fontaine, le mot est synonyme de « fable ». Aujourd'hui, on distingue dans la fable le récit appelé « apologue », de la partie « moralité ».

Baroque : tendance artistique qui privilégie les formes bizarres, recherchées, complexes, flattant l'imagination et le rêve. On oppose souvent le désordre baroque à la rigueur « classique ».

Burlesque : tonalité stylistique qui consiste à traiter de manière familière des sujets nobles.

Classicisme : particularité de l'art du XVIIᵉ siècle. Ses caractéristiques sont la recherche de la mesure, de l'ordre et de l'équilibre, l'économie des moyens, la pudeur, la délicatesse, la valeur morale.

Dédicace : texte qui a pour but de « dédier » (c'est-à-dire d'adresser de manière privilégiée) une œuvre à un destinataire particulier.

Didactique : qui a pour vocation d'enseigner, de délivrer une leçon.

Distique : groupe de deux vers unis par le sens.

Édifiant : se dit d'un propos qui a la volonté de délivrer une leçon morale, de former le jugement.

Épique : digne d'une épopée, récit en vers ou en prose racontant des exploits héroïques réels ou imaginaires.

Fabuliste : celui qui écrit des fables.

Hétérométrie : utilisation de vers de longueur différente à l'intérieur d'un poème.

Jansénisme : doctrine qui réinterprète la religion

chrétienne dans un sens sévère et exigeant. Elle se développa au XVIIe siècle, fut défendue par Pascal et Racine, puis combattue par Louis XIV.

Licencieux : qui choque les bonnes mœurs et aborde des sujets scabreux touchant aux choses du sexe.

Maxime : courte pensée à valeur morale destinée à être retenue.

Métaphore : figure de style qui consiste à traduire une réalité de façon imagée. Elle n'utilise aucune marque syntaxique (*comme, tel, ainsi que...*), à la différence de la comparaison.

Mètre : mesure du vers en poésie obtenue par le décompte des syllabes.

Moraliste : écrivain ou penseur qui réfléchit et écrit sur les comportements de l'humanité.

Moralité : leçon de portée morale exprimée en quelques vers, le plus souvent à la fin de la fable.

Narration : fait de raconter une histoire. Celui qui en est chargé est nommé « narrateur ».

Parodie : imitation d'un ton, d'un style, d'une pensée, dans le but de les ridiculiser par le rire.

Périphrase : figure de style qui consiste à remplacer un mot par un groupe de mots ayant le même sens (« le Roi des animaux » pour « le Lion »).

Précepte : formule qui exprime un enseignement, une règle de nature essentiellement morale.

Rejet : procédé poétique qui consiste à « rejeter » au début du vers suivant le ou les mots qui forment un début de phrase dans le vers précédent.

Rhétorique : 1. Art de l'éloquence et façon de définir ce qui s'y rapporte. 2. Science du style et des manières de l'embellir par des procédés.

Rime : retour d'une sonorité identique en fin de vers. Traditionnellement, les rimes peuvent être suivies (*aabb*), croisées (*abab*), embrassées (*abba*).

Satire : représentation moqueuse d'une institution, d'une doctrine, d'un caractère, d'un défaut.

Bibliographie et filmographie

Œuvres complètes

Œuvres complètes, de Jean de La Fontaine, Le Seuil, « L'Intégrale », 1970.

Fables, Contes et Nouvelles, de Jean de La Fontaine, Gallimard, « Bibliothèque de la Pléiade », 1991.

Les *Fables*

Fables, édition de Jean-Pierre Collinet, Gallimard, « Folio », 1991.
> ▶ Une des éditions les plus pratiques et les plus sûres.

Fables, édition de Alain-Marie Bassy et Yves Le Pestipon, Garnier-Flammarion, 1995.
> ▶ Travail solide, annotation très pertinente.

Fables, édition de Marc Fumaroli, Le Livre de Poche, « La Pochothèque », 1995.
> ▶ Présentation très soignée, appareil critique précieux et érudit.

Sur La Fontaine

La Fontaine par lui-même, de Pierre Clarac, Le Seuil, 1961.
> ▶ Une bonne approche globale par un grand spécialiste.

Jean de La Fontaine, de Roger Duchêne, Fayard, 1990.
> ▶ Biographie récente, précise et très documentée.

La Fontaine ou Les Métamorphoses d'Orphée, de Patrick Dandrey, Gallimard, « Découvertes », 1995.
> ▶ Très nombreuses et très riches illustrations.

Le Poète et le Roi, de Marc Fumaroli, De Fallois, 1997.
> ▶ Étude pleine de sympathie et de pertinence.

Sur les *Fables*

La Poétique de La Fontaine, de Georges Couton, PUF, 1957.
> ❱ Sur l'écriture, le style, la composition.

La Politique de La Fontaine, de Georges Couton, Les Belles-Lettres, 1959.
> ❱ Solide essai sur un aspect important des Fables.

La Fontaine fabuliste, de Pierre Bornecque, SEDES, 1973.
> ❱ Présentation rigoureuse et très pédagogique.

La Fabrique des Fables. Essai sur la poétique des Fables, de Patrick Dandrey, Klincksieck, 1972. Nouvelle édition, PUF, « Quadrige », 1997.
> ❱ Relecture très actuelle, un peu savante.

La Fontaine, Fables, de Fanny Népote-Desmarres, PUF, « Études littéraires », 1999.
> ❱ Une bonne initiation aux *Fables* et à leurs enjeux.

CD-ROM et films

La Fontaine pour mémoire, CD-ROM, coédition Les Temps qui courent /Musée Jean de La Fontaine.

La Fontaine, les Fables, CD-ROM, édition Ilias.

Les Fables de La Fontaine, Miroir de la nature humaine, CD-ROM, édition Warner, « Immedia ».

Jean de La Fontaine, le défi, film de Daniel Vigne avec Lorànt Deutsch et Philippe Torreton, 2007.
> ❱ Raconte le soutien de La Fontaine à Fouquet lors de son arrestation, et son affrontement avec Colbert.

Crédits photographiques

Direction de la collection : Line Karoubi

Direction éditoriale : Frédéric Haboury

Édition : Clémence Cornu

Lecture-correction : service Lecture-correction Larousse

Recherche iconographique : Valérie Perrin, Agnès Calvo

Direction artistique : Uli Meindl

Couverture et maquette intérieure : Serge Cortesi, Sylvie Sénéchal,
Uli Meindl

Responsable de fabrication : Marlène Delbeken

Photocomposition : CGI
Impression : Liberdúplex (Espagne)
Dépôt légal : Juillet 2007-300928
N° Projet : 11008536 – Décembre 2008